C.H.BECK ■ **WISSEN**

in der Beck'schen Reihe

W0094227

Die Inka-Stadt Machu Picchu gab Wissenschaftlern seit ihrer Entdeckung durch den Amerikaner Hiram Bingham 1911 Rätsel auf: War sie Zufluchtsstätte der vor den Spaniern flüchtenden letzten Inka und der «Sonnenjungfrauen»? Diente sie als Bollwerk gegen feindliche Tieflandindianer? Wie haben die Menschen dieser frühen Hochkultur gelebt? Kenntnisreich rekonstruiert Berthold Riese die Lebensweise der Bewohner Machu Picchus, erzählt die Geschichte seiner Entdeckung und bietet einen Ausblick auf die zukünftige Entwicklung dieser Stadt eines untergegangenen Volkes.

Berthold Riese ist Professor für Ethnologie und Altamerikanistik an der Universität Bonn. In der Reihe C. H. Beck Wissen erschien von ihm *Die Maya* (5. Aufl. 2004).

Berthold Riese

MACHU PICCHU

Die geheimnisvolle Stadt der Inka

Verlag C. H. Beck

Mit 24 Abbildungen

Originalausgabe
© Verlag C.H. Beck oHG, München 2004
Gesamtherstellung: Druckerei C.H. Beck, Nördlingen
Umschlagmotiv: Giovanni Dagli Orti, aus Lavallée/Lumbreras:
Die Andenvölker, C.H. Beck 1986
Umschlagentwurf: Uwe Göbel, München
Printed in Germany
ISBN 3 406 52117 7

www.beck.de

Inhalt

Einleitung

«Von den anerkannten Weltwundern wurden die hängenden Gärten in Babylon, der Artemis-Tempel zu Ephesos, die Statue des olympischen Zeus, der Koloß zu Rhodos, das Mausoleum in Halikarnassos und der Leuchtturm von Alexandria durch die Zeiten zerstört. Allein die berühmte Cheops-Pyramide ist noch vorhanden! Auf gleicher Stufe mit ihr gebührt *Machu Picchu* der Rang eines achten Weltwunders.» Diese Worte eines peruanischen Generals zeigen, mit welchem Stolz Peru auf diese *Inka*-Stadt blickt. Wie kommt es, daß der kleine, verlassene Bergort *Machu Picchu* zu solchem Ruhm gelangte, nachdem er 500 Jahre lang unbeachtet auf einem Felsgrat im unzugänglichen Hinterland Perus geschlummert hatte? Was war und ist er diesseits von schwärmerischem Lobgesang und touristischer Vermarktung wirklich?

Unser wissenschaftliches Bild von der vorspanischen Stadt *Machu Picchu* beruht auf der historischen Forschung: den Bodenfunden, die in *Machu Picchu* in Form von Gräbern und steinernen Bauwerken vorliegen, sowie der schriftlichen Überlieferung. Bei letzterer steht nur das zur Verfügung, was nach der spanischen Eroberung niedergeschrieben wurde, also zu einer Zeit, als die Stadt bereits verlassen war. Die *Inka* selbst kannten nämlich keine Schrift und haben ihre Geschichte daher nur mündlich überliefert, unterstützt von den *Khipu* genannten Knotenschnüren. Schließlich versucht der gewissenhafte Archäologe und Historiker auch immer, örtliche Traditionen in sein Bild von der Vergangenheit einzubeziehen. Hier kommt zum Tragen, daß in Peru insgesamt und besonders in entlegenen Bergtälern, wie dem des *Uru Pampa*-Flusses, über dem sich *Machu Picchu* erhebt, die altindianische Sprache, das *Runa Simi* oder Quechua, wie sie auch genannt wird, noch lebendig ist. Das meiste von dem, was ich über die Menschen, die früher in der Stadt lebten, und über die Funktion von Gebäuden und der Gesamtanlage erschließen kann, basiert aber letztlich nicht auf örtlichen Legenden der Indianer, sondern auf den reichhaltigen kolonialzeitlichen Schriftquellen und auf wissenschaftlichen Studien, vor allem aus der Archäologie. Sie sind wie auch die anderen von mir benutzten Quellen im Literaturverzeichnis nachgewiesen, wobei ich, wenn möglich, deutsche Ausgaben anführe.

Ein besonders interessanter Aspekt *Machu Picchus* ist die Vereinnahmung der *Inka*-Stadt durch Politik und Kultur des modernen Peru und durch den globalen Tourismus; neuerdings auch durch esoterische Indigenisten, also Menschen, die glauben, daß Altindianisches nur von Abkömmlingen der ehemaligen Erbauer und Bewohner verstanden und verbreitet werden kann. Auch das wird Thema meines Buches sein, allerdings nur in einem abschließenden Ausblick und selbstverständlich aus der Distanz des europäischen Forschers und Nicht-Indianers. Wesentlichstes Anliegen meines Buches ist es aber, einen wissenschaftlich begründeten und daher von populären Klischees sehr oft abweichenden Einblick in die Stadt *Machu Picchu* selbst zu geben.

Lesern, die andere Bücher über altperuanische Kulturen kennen, wird die schwankende Schreibung von Wörtern der Quechua-Sprache und ihre Verballhornung im Spanischen ein steter Verdruß sein. Um das zu vermeiden und einigermaßen konsequent und klar zu sein, nehme ich den Standpunkt eines Einheimischen aus der Zeit der *Inka* ein und rekonstruiere indianische Namen in eine möglichst korrekte Form des *Runa Simi*, wie es in *Qusqu*, dem heutigen Cusco, im 16. Jahrhundert gesprochen wurde. Um den Bezug zu anderen Veröffentlichungen und zur modernen Geographie herzustellen, ist der ersten Erwähnung die heute übliche oder offizielle Schreibung in Klammern beigefügt. Aus diesem Grund habe ich im Titel und im Text des Buches *Machu Picchu* und andere Namen, die den Bestandteil *picchu* enthalten, in der üblichen, wenn auch nicht korrekten Schreibung *picchu* belassen, anstatt *pikchu* zu schreiben.

Es ist mir ein Anliegen, denen herzlich zu danken, die mich bei bibliographischen Recherchen, in sprachlichen Fragen, beim Beschaffen von Abbildungen und Entwerfen der Karten sowie beim Korrekturlesen unterstützt haben. Mein Dank gilt Baldur Köster, Sabine Dedenbach Salazar-Sáenz, Katja Hannß, Albert Meyers, Christian Prager, Frauke Sachse, Malte Schnitger und Josef Szykulski. Auch den Urhebern und Verlagen, die mir erlaubten, aus ihren Werken zu zitieren und Illustrationen zu übernehmen, danke ich.

Bonn, im Frühjahr 2004   *Berthold Riese*

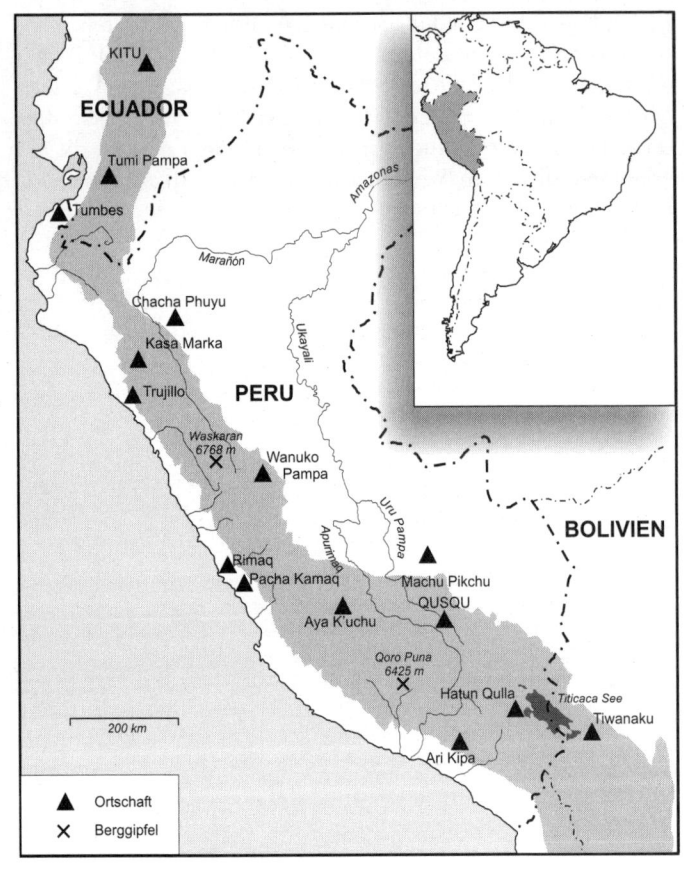

Abb. 1: Das *Inka*-Reich

I. Die Wiederentdeckung *Machu Picchus*

I. Hiram Binghams Expedition von 1911

Hiram Bingham (Abb. 3), protestantischer Theologe und Historiker, hatte schon 1907 und 1909 in zwei Abenteuerreisen Südamerika durchquert und war daher mit den dortigen Lebensumständen und Problemen vertraut, als er eine weitere Reise plante. Hauptmotive dafür waren die Lust auf Abenteuer und Freude an der Selbstdarstellung. Den Drang nach Abenteuern verband er mit dem soliden Wissen des Historikers, indem er seine Kenntnisse der lateinamerikanischen Geschichte nutzte, um sich lohnende Ziele für Entdeckungen zu suchen. So wollte er berühmt werden. Er schmiedete also schon 1910 erneut Pläne für eine dritte Südamerika-Expedition. Sie waren anfangs allerdings noch sehr unklar und konkretisierten sich erst, als der Erdöl-Millionär Edward S. Harkness (1874–1940) als Geldgeber einsprang und ihm gleichzeitig die Wahl der Expeditionsziele weitgehend abnahm. Seinem Förderer zuliebe konzentrierte Bingham sich auf die geologische und topographische Erkundung Perus. Eine Gruppe von sieben Männern war bald zusammengestellt. Die eine Hälfte reiste im Mai, die andere im Juni 1911 mit dem Dampfschiff von New York aus ab.

In Peru angekommen, holte Bingham die Zustimmung des Staatspräsidenten Augusto Leguia zu den Expeditionszielen und geplanten Arbeiten ein und kontaktierte örtliche Wissenschaftler, von deren Erfahrung und Informationen er sich einiges versprach. Unter ihnen war auch Max Uhle (1856–1944), den die amerikanische Archäologie heute als herausragende Forscherpersönlichkeit würdigt. Bingham aber scheint von dem Deutschen wenig beeindruckt gewesen zu sein, wohl vor allem, weil er die Archäologie noch kaum ins Visier seiner eigenen Arbeiten genommen hatte, sondern vor allem geologisch und geographisch zu forschen beabsichtigte.

Zunächst glaubte Bingham, durch alte, bei Cusco ausgegrabene Menschen- und Tierknochen, die er unter vermeintlich mächtigen späteren Ablagerungen entdeckt hatte, einem eiszeitlichen «Homo Americanus» auf die Spur gekommen zu sein. Das wäre eine wissenschaftliche Sensation geworden, denn bis dahin galt die Anwesenheit von Menschen auf dem amerikanischen Kontinent als relativ jung. Daher billigte man den amerikanischen Ureinwohnern auch nicht den Status einer eigenen Großrasse zu, sondern klassifizierte sie als mongolische Rasse. In der vorschnellen und peinlich falschen Annahme des hohen Alters dieser Funde bestärkte ihn der physische Anthropologe George F. Eaton, der die nach Nordamerika gesandten Knochen im Labor der Yale University untersuchte und als Ergebnis behauptete, eine bisher unbekannte Bisonart in ihnen entdeckt zu haben. Da diese Bisonart längst ausgestorben sei, müßten die Knochenfunde sehr alt sein! Man verfügte damals noch nicht über naturwissenschaftliche Verfahren, um das Alter von Knochen direkt zu bestimmen, sondern war auf Indizien angewiesen. Diese bestanden im wesentlichen in geologisch-archäologischer Stratigraphie und konnten nur im Feld angemessen entwickelt und beurteilt werden, nicht jedoch im Labor, wie Eaton es versuchte. Vom vermeintlichen Alter der Bisonknochen schloß man dann darauf, daß die sie begleitenden Menschenknochen ebenso alt seien. Die Fundstelle entpuppte sich, unter anderem wegen der wissenschaftlichen Aufrichtigkeit Eatons, nach einer späteren Untersuchung einfach als Abfallgrube von Rinderschlachtungen; und alle dort gefundenen Knochen wurden als dem erst von spanischen Siedlern eingeführten Hausrind oder dem modernen Menschen zugehörig bestimmt.

Als nächstes ging die Expedition auf die Suche nach bisher unbekannten *Inka*-Ruinen. Bingham wählte das *Uru Pampa*-Tal (heute: Urubamba), das in seinem Oberlauf *Willka Nuta* (heute: Vilcanota) genannt wird, und sammelte in der Provinzhauptstadt Cusco Hinweise auf möglicherweise interessante Ruinenstätten. Auch hatte er sich als Historiker zur Vorbereitung seiner Expedition mit den Schriften spanischer Chronisten aus der Kolonialzeit vertraut gemacht, die gelegentlich über diese Ge-

Abb. 2: Blick über die Stadt auf den *Wayna Picchu*

gend berichtet haben. In Cusco wurde ihm eine Ruine namens *Machu Picchu* als mögliches Ziel genannt. Zwar hatte schon 40 Jahre vor ihm der französische Forscher Charles Wiener denselben Hinweis erhalten, doch hatte Wiener sich in der Lokalisierung des Ortes verschätzt und war auf seiner Reise daher, ohne es zu merken, unterhalb der Ruine vorbeigezogen. Bingham maß der ihm genannten Ruinenstätte *Machu Picchu* damals noch keinerlei besondere Bedeutung zu. Er erreichte auf seiner Erkundung über das Provinzstädtchen *Ollantay Tampu* (heute: Ollantaytambo) am 23. Juli 1911 *Torontoy*. Von diesem Dorf aus führte ihn der ansässige Indianer Melchor Arteaga am folgenden Tag auf einem alten *Inka*-Pfad den steilen Hang hinauf zu den *Machu Picchu* genannten Ruinen, vorbei an einem alten *Inka*-Haus, in dem sich ein Bauer eingerichtet hatte und wo man auf dem mühsamen Anstieg eine willkommene Rast einlegte.

Machu Picchu war nur einer von vielen Ruinenorten, die Bingham auf dieser Explorationsreise besichtigen wollte, und so hielt er sich dort nicht lange auf, sondern setzte seinen Weg

Uru Pampa-abwärts schon am folgenden Tag fort. Hin und wieder erspähte er unterwegs weitere Ruinen und besuchte einige von ihnen. An der Brücke von *Chuqi Chaka*, etwa 20 Kilometer flußabwärts von *Machu Picchu*, entschloß sich Bingham, das hier einmündende steile Tal des *Willka Pampa*-Flusses (heute: Vilcabamba) hinaufzusteigen, um nach den dort vermuteten Ruinen der letzten *Inka*-Festungen aus der Zeit der spanischen Eroberung zu suchen. Er wußte aus seiner Lektüre kolonialzeitlicher Chronisten, daß die *Inka* den Spaniern dort nach 1532 noch einige Jahrzehnte getrotzt hatten, und er war begierig, ihre Zufluchtsorte und Burgen zu entdecken. Die Brücke von *Chuqi Chaka* trug immer noch den Namen, mit dem auch alte kolonialzeitliche Chroniken die Eingangspforte zum *Inka*-Reich von *Willka Pampa* bezeichnen. So konnte Bingham sich mit Recht einiges von der Erforschung dieses Seitentales erhoffen.

In *Rosas Pata* und in *Espiritu Pampa* fand er tatsächlich bedeutende Ruinen aus der *Inka*-Zeit, die er mit den Städten *Witkos* bzw. *Willka Pampa*, also den letzten Residenzen der *Inka*-Herrscher, gleichsetzte. Die Unterschiede der ursprünglichen und heutigen Namen erscheinen zunächst verwirrend. Doch wenn man bedenkt, daß Ortsnamen gegenwärtig oft neu erfunden werden, weil das Gebiet zeitweilig unbesiedelt war, und wenn man außerdem berücksichtigt, daß sich die Bezeichnung in den spanischen Quellen oft nur auf die Gegend, also den Flußlauf, beziehen, aber nicht auf bestimmte an ihm gelegene Orte, wird man sich von historisch wenig aufschlußreichen modernen Namen wie «Geisterebene» (*Espiritu Pampa*) in der Suche nicht entmutigen lassen. Die Identifizierung dieser Ruinen mit Orten der letzten *Inka*-Zuflucht gelang Bingham aufgrund seines Wissens um diese Probleme und dank seines intensiven Quellenstudiums. Ein Ansatzpunkt für die Identifizierung war, daß einige wenige Namen die Veränderungen überdauert hatten, wie zum Beispiel die genannte Brücke von *Chuqi Chaka* und das Flußtal *Willka Pampa*. Das alles kombinierte Bingham und kam zu durchaus fundierten Rekonstruktionen. Aufgrund ihrer historischen Bedeutung hielt er diese Entdeckungen da-

mals auch für viel wichtiger als die von *Machu Picchu*. Erst
sehr viel später nahm er eine Umdeutung vor, die ihn von der
gut begründeten und auch heute noch akzeptierten Identifizierung der letzten *Inka*-Zufluchtsorte mit *Witkos/Willka Pampa*
wegführte zur schlecht begründeten Zuweisung dieser Rolle an
Machu Picchu und damit verbunden zu weiteren phantasti-
schen Spekulationen über das Alter und die Geschichte *Machu
Picchus*. Dabei nahm er nicht einmal die ihm vermutlich be-
kannten Erwähnungen *Machu Picchus* in den kolonialzeitlichen Quellen zur Kenntnis, die ihn von seinen irregeleiteten
Spekulationen hätten abbringen und zu substantielleren, wenn
auch weniger spektakulären Deutungen *Machu Picchus* hätten führen können. Dieser Schritt wurde erst 50 Jahre später
von dem nordamerikanischen Historiker John Howland Rowe
getan.

Nun waren aus damaliger Sicht zwei der vier Expeditionsziele
erreicht. Es blieb noch Binghams Hauptziel, die Besteigung des,
wie damals vermutet wurde, höchsten Bergmassivs der peruanischen Anden, des *Qoro Puna* (heute: Nevado de Coropuna). Mit
zwei einheimischen Begleitern gelang ihm auch dieses anstren-
gende alpinistische Unternehmen. Er bezwang immerhin einen
über 6000 Meter hohen eisgepanzerten Gipfel des Massivs.
Doch die eigentliche Motivation, als Erstbesteiger des höchsten
Berges von ganz Peru oder wenigstens von dieser Gegend in die
alpinistischen Annalen einzugehen, mißlang. Schon bei seiner
Vorbereitung wußte er, daß die Alpinistin Annie S. Peck das glei-
che Ziel verfolgte, denn sie hatte ihn freundlich eingeladen, ge-
meinsame Sache bei der Besteigung des *Qoro Puna* zu machen.
Anstatt ihr großherziges Angebot anzunehmen, bat Bingham sie
mit männlicher Arroganz, doch zu seinen Gunsten auf ihre eigene Besteigung zu verzichten. Annie Peck, eine gestandene Frau-
enrechtlerin, ließ sich aber nicht einschüchtern. Und in der Tat
stand sie einige Wochen vor Bingham auf einem Gipfel des *Qoro
Puna*-Bergmassivs. Bingham konnte sich nach seiner eigenen
Besteigung am 15. Oktober zwar rühmen, einen um wenige hun-
dert Meter höheren Gipfel erreicht zu haben als seine Konkur-
rentin; und damit hatte er den Vorrang des Mannes gegenüber

Abb. 3: Hiram Bingham zur Zeit
seiner Entdeckung *Machu Picchus*

der Frau wiederhergestellt. Aber so ganz vermochte er seinen
übermäßigen Geltungsdrang nicht zu befriedigen, denn es muß
ihm klar gewesen sein, daß der *Qoro Puna* nicht die Höhe des
etwas weiter nördlich gelegenen Berges *Waskaran* (heute: Hua-
scarán, 6770 Meter) oder des in den Südanden Argentiniens aufragenden Aconcagua (6860 Meter) erreicht. Die größte Enttäu-
schung erlebte er aber, als er, erschöpft oben angekommen, feststellte, daß der benachbarte Gipfel noch höher war, ihm aber
Zeit und Kraft fehlten, ihn ebenfalls zu besteigen.

Die letzte Komponente der Expedition überließ Bingham
weitgehend seinen Mitarbeitern. Es war die topographische
Aufnahme eines Querschnittes durch die Anden entlang dem
73. Längengrad. Auch das gelang zufriedenstellend, allerdings,
wie gesagt, vornehmlich durch Binghams Mitarbeiter, die diesen Teil der Expeditionsergebnisse später wissenschaftlich vor-
bildlich veröffentlicht haben.

Während dieser Unternehmungen der anderen Expeditions-
teilnehmer begab sich Binghams Assistent Paul Baxter Lanius
für knapp drei Wochen nach *Machu Picchu,* um die Baureste
aufzunehmen. Es ist seine Arbeit und die seiner sechs Begleiter,

die noch heute Grundlage aller kartographischen und baukundlichen Darstellungen *Machu Picchus* bilden. Daß der Expeditionsleiter Bingham diese wichtige Arbeit nicht selbst durchführte, sondern sie seinem jungen und unerfahrenen Assistenten überließ, wird vor dem Hintergrund verständlich, daß *Machu Picchu* damals eben noch keine hervorragende Stellung im Rahmen der Expeditionsziele einnahm.

Am 12. Dezember 1911 traf Bingham auf der Rückreise von seiner ergebnisreichen Expedition in Panama ein, wo er sich mit seiner Frau traf, die von ihrem Sommerwohnsitz in Jamaika angereist war. Die Expedition nach Peru hatte damit, nach gut einem halben Jahr Feldarbeit, einen erfolgreichen Abschluß gefunden, und Bingham konnte die wohlverdiente Ruhe im Kreise seiner Familie genießen.

2. Die Expedition von 1912

Der Erfolg der Expedition von 1911 mit ihren vielen Entdeckungen von *Inka*-Ruinen in den entlegenen Bergen der *Uru Pampa*- und *Willka Pampa*-Täler, den geographischen Vermessungen entlang des 73. Meridians und der Erstbesteigung eines der Gipfel des *Qoro Puna*-Bergmassivs ließen Bingham eine Fortsetzung seiner Karriere als Geograph und nun auch als Archäologe planen. Er war in den besten Jahren für solche Unternehmungen, knapp über 30, durchtrainiert und voller Tatendrang.

Im Juli und August des Jahres 1912 reiste er, vor allem zur Vervollständigung seiner photographischen Dokumentation, für knapp zwei Wochen nach *Machu Picchu*. Er profitierte dabei von der mühevollen Arbeit seiner Assistenten im Vorjahr, die große Teile der Ruinen von Buschwerk und Bäumen befreit hatten, um ihre kartographische Aufnahme durchzuführen, denn dadurch hatte er freie Sicht auf die Gesamtanlage und die wichtigsten Bauwerke. Bingham kümmerte sich während seines zweiwöchigen Aufenthalts nur um die photographische Dokumentation und reiste nach deren Abschluß sofort wieder ab. Andere Mitarbeiter blieben noch mehrere Monate in *Machu*

Picchu, um archäologische Arbeiten durchzuführen, vor allem das Aufspüren und Ausnehmen von Höhlenbestattungen in den die Stadt umgebenden Steilhängen. Rund 100 Bestattungen nahm George F. Eaton aus, der diesmal mit ins Feld gereist war, wobei ihm drei Einheimische zur Hand gingen. Insgesamt konnte er so Knochenreste von über 160 Individuen dokumentieren, denn die meisten Gräber waren mit mehreren Personen belegt. Die Hälfte der etwa 50 aufgefundenen Grabstätten unter Felsüberhängen und in Höhlen waren zwar im Laufe der Jahrhunderte schon geplündert worden. Doch fanden sich noch genügend unberührte Gräber, um eine gute osteologische Untersuchung durchführen zu können mit dem Ziel, die Zusammensetzung der ehemaligen Bevölkerung des Ortes zu studieren. Eine wirklich gründliche Auswertung mit angemessenen Methoden ist damals aber nicht vorgenommen worden, obwohl das vorläufige Ergebnis des Überwiegens weiblicher Skelette (85%) gegenüber männlichen (15%) erstaunt und erklärungsbedürftig erscheint.

Bingham selbst setzte seine Erkundung von und Suche nach *Inka*-Ruinen im benachbarten Tal des *Watanay* (heute: Huatanay) und in den Bergen zwischen den Flüssen *Uru Pampa* und *Apu Rimaq* (heute: Apurímac) fort. *Llakta Pata* und *Palkay* konnte er als Frucht dieser Bemühungen in die Liste der von ihm entdeckten und vorläufig explorierten bedeutenden Ruinenorte neu eintragen. Von seinen indianischen Führern auf einem verschneiten Paß im Stich gelassen, wäre er am Ende fast erfroren, erreichte aber doch noch glücklich das Tal und trat im Dezember vom Pazifikhafen Callao aus die Heimreise an.

3. Die Expedition von 1915

Nach den erfolgreichen Expeditionen von 1911 und 1912 gelang es Bingham, wiederum mit Unterstützung seiner Universität, ein neues Expeditionsteam zusammenzustellen. Zu den Aufgaben dieses dritten Jahres gehörten neben archäologischen und kartographischen jetzt auch botanische und zoologische Arbeiten. 1914 war die Mannschaft beisammen, wenn auch die hohen Erwartungen, die der inzwischen berühmte Leiter Bingham an sein wissenschaftliches Personal geknüpft hatte, enttäuscht wurden. Bingham war wohl ein anspruchsvoller und eigensinniger Chef, so daß kaum einer der bewährten und erfahrenen früheren Teilnehmer bereit war, nochmals mit ihm zu reisen. Eine Vorausabteilung der neuen Gruppe kam noch im gleichen Jahr in Peru an.

Bingham selbst stieß erst 1915 in Peru zu den übrigen Expeditionsteilnehmern. Der Grund für die Verzögerung war eine ausgedehnte Pazifikreise mit seiner Familie. Er selbst hatte nämlich seine Jugend in Hawaii verbracht und wollte seine Familie mit der Inselwelt des Pazifik bekannt machen. In der idyllischen Kleinstadt *Ollantay Tampu* im oberen *Uru Pampa*-Tal hatte die Vorausabteilung ein Anwesen gemietet, denn Binghams Optimismus zielte darauf ab, dort mehrere Jahre hindurch ein Forschungshauptquartier der Yale-National-Geographic-Expeditionen einzurichten, so benannt nach ihren institutionellen Trägern. Es wurde von den ansässigen Quechua-Indianern *Yanki Wasi*, «Haus der Yankees», genannt und mißtrauisch beäugt, denn die Nordamerikaner waren exotische, in ihrem Tun kaum verständliche Eindringlinge in diesem entlegenen Landstädtchen, in dem viele Einwohner nicht einmal Spanisch sprachen, sondern nur ihre angestammte Quechua-Sprache. Neidvolle und phantastische Gerüchte rankten sich bald um die Fremden und ihre Arbeit.

Von *Ollantay Tampu* schwärmten die Forscher mit verschiedenen Aufgaben in alle Richtungen aus, beschränkten sich geographisch aber auf die große und zerklüftete Bergregion von *Willka Pampa*. Die Ruinen von *Machu Picchu* standen, wie schon bei den früheren Expeditionen, keineswegs im Vordergrund ihres Interesses. Sie waren ja nur eine von mehreren bedeutenden *Inka*-Städten, die entdeckt und vorläufig erforscht wurden. Bingham war weiterhin ganz vom Entdeckerdrang im Stile des 19. Jahrhunderts besessen, er strebte nach immer neuen Funden in noch unerforschten Tälern und auf bisher unbegangenen Berghöhen. Um die Exotik und die Unzugänglichkeit der von ihm explorierten Gegenden hervorzuheben, schreckte er

nicht vor kleinen publizistischen Fälschungen zurück: So ließ er
die Telegraphenleitung auf einem Photo des *Uru Pampa*-Tales
für die Veröffentlichung entfernen, um die Abgelegenheit und
Unerschlossenheit des Tales zu betonen.

Trotz dieser romantisch-irrationalen Absichten verfolgte
Bingham zunächst auch einen archäologisch sinnvollen Plan:
Er wollte die Wegverbindungen rund um *Machu Picchu* erfor-
schen, die Wege also, die *Qusqu, Machu Picchu, Witkos* und
Willka Pampa miteinander verbanden, und zwar nicht die Tal-
wege an den Ufern der Flüsse, die er und seine Genossen nun
schon öfter beschritten hatten, sondern die Bergpfade. Die so-
lide und fachgerechte Ingenieursleistung der *Inka* bot Gewähr
dafür, daß auch nach 500 Jahren diese Straßen über weite
Strecken noch erhalten und begehbar waren, auch wenn sie
zum Teil von Buschwald überwuchert waren, der erst wegge-
schlagen werden mußte. Das Haupthindernis bei ihrer Bege-
hung war jedoch nicht die üppige Vegetation, sondern Bergrutsche, die im Laufe der Jahrhunderte einige Streckenabschnitte
verschüttet hatten. Ein großes Problem stellten sie insofern dar,
als solche Bergrutsche gerade an den steilsten und unwegsam-
sten Streckenabschnitten abzugehen pflegen, wo kein Umweg
oder Ausweg ihre Überwindung möglich macht. Immerhin gelang es Bingham in drei Monaten mühevoller Begehungen, die
Bergpfade in ihrer Ausdehnung und Vernetzung kartographisch
aufzuzeichnen. Damit war bewiesen, daß *Machu Picchu* nicht,
wie heute, nur oder hauptsächlich vom Flußtal aus zu erreichen
war, sondern daß man über Höhenwege aus drei Richtungen
leichten Fußes dorthin gelangen konnte, gut instand gehaltene
Straßen vorausgesetzt. Bingham legte damit unbeabsichtigt
das Fundament zum modernen Rucksacktourismus, der den
«*Camino Inka*» genannten Wegen nach *Machu Picchu* folgt.

Hiram Bingham hatte noch andere archäologische Arbeiten
für diese Expedition im Sinn: Entdecken und Ausgraben weiterer Ruinenstätten. Doch dazu kam es nicht mehr. Nach der
Rückkehr von seiner *Inka*-Straßenexpedition im Juli 1915
überraschten ihn Mißtrauen und offene Feindschaft von seiten
lokaler Zeitungen und einer in der Provinzhauptstadt Cusco

gegründeten Historiker-Gesellschaft. Zwar war auch Bingham von seinen früheren Reisen her klar, daß archäologische Ausgrabungen genehmigungspflichtig sind, doch niemand nahm es mit den Formalien solcher Genehmigungen sehr genau. Solange der Forscher seine Absicht mündlich angemeldet sowie durch Offenlegung derselben und durch persönlichen Kontakt zu den maßgeblichen Funktionären Vertrauen aufgebaut hatte, schien alles Nötige geregelt. Bingham hatte sich wohl verschätzt, als er meinte, seine Absprachen allein mit der Zentralverwaltung des Landes in der Hauptstadt Lima treffen zu können, und ausschließlich auf sein gutes Verhältnis zum Präsidenten von Peru, Augusto Leguia, baute, die örtlichen Behörden in Cusco hingegen links liegenließ. Hinzu kam, daß von ihm der Ausspruch kolportiert wurde, Cusco sei die schmutzigste Stadt der Welt, womit er sich bestimmt keine Freunde bei der dortigen Elite gemacht hatte.

Jetzt stellten sich der Expedition ernsthaftere Hindernisse entgegen, als es das Unverständnis der Einwohner *Ollantay Tampus* gegenüber dem Treiben im *Yanki Wasi* Anfang des Jahres gewesen war. Man beschuldigte Bingham offiziell der Schatzgräberei und des unerlaubten Exportes wertvoller Funde nach Bolivien. Selbst negative Ergebnisse der Nachforschungen im Hauptquartier der Expedition in *Ollantay Tampu* und bei der Zollverwaltung an den Grenzübergängen nach Bolivien brachten die Vorwürfe nicht zum Schweigen. Zwar handelte es sich um Anschuldigungen und Gemütslagen, denen man als ausländischer Forscher immer wieder begegnet, doch bleibt es meist bei Unmutsäußerungen und relativ folgenlosem Mißtrauen. Schlimmstenfalls muß man gehässige Artikel in Provinzzeitungen erdulden. In Binghams Fall jedoch eskalierten Haß, Angst und Neid: Obwohl die Überwachungskommissare, unter ihnen der damals besonders haßerfüllte Jung-Journalist Luis Eduardo Valcárcel (1891–1987), nichts gefunden hatten, was darauf hinwies, daß Schätze ausgegraben worden waren, ließen sich die Peruaner nicht überzeugen. Sie glaubten jetzt, daß die Amerikaner alle gefundenen Schätze schon beiseite geschafft hätten, und zwar so geschickt getarnt, wie man es gerissenen

Yankees eben zutraute. Böse Zeitungsberichte in der Lokal-
presse von Cusco, hinter denen Valcárcel stand, wurden von
Blättern in der Hauptstadt Lima übernommen und heizten die
Stimmung auf, so daß Bingham befürchtete, die Arbeiten vor-
zeitig abbrechen zu müssen, und daß seine Freiheit oder doch
zumindest seine Ausreise aus Peru auf dem Spiel stand. Inzwischen drohte auch der Eintritt der USA in den europäischen
Krieg, nachdem deutsche U-Boote das britische Passagierschiff
«Lusitania» mit 139 US-amerikanischen Bürgern an Bord ver-
senkt hatten. Gleichzeitig stand in Peru ein turbulenter Präsi-
dentenwechsel bevor. Bingham tat das einzig Vernünftige: Er
wickelte die Unternehmung ordentlich ab, ließ alle Funde im
Lande, um weiteren Anschuldigungen vorzubeugen, entließ
seine Mitarbeiter und kehrte, allerdings mit seinen Notizen,
Skizzen und Photographien gut ausgestattet, in die Vereinigten
Staaten zurück.

4. Der Entdecker kostet seinen Ruhm aus

Was Hiram Bingham subjektiv als Fiasko erlebte und was es,
gemessen an seinen hohen Erwartungen, auch war, wurde in
den USA dennoch dank seiner schriftstellerischen Leistungen
und der exzellenten Photographien ein öffentlicher Erfolg. Wiederum stellte die National Geographic Society in Washington
seine Expedition als rundum erfolgreich dar. Das hatte Bingham
vor allem dem Vertrauen und der Bewunderung seitens ihres
führenden Kopfes, Gilbert Hovey Grosvenor (1875–1966), zu
verdanken. Ein weiterer Grund für die überschwengliche Vermarktung der Expedition durch die National Geographic Society lag in der Politik ihrer Öffentlichkeitsarbeit. Alles, worüber
sie berichtete, und vor allem Expeditionen, die sie mitfinanzier-
te, wurde Lesern und Sponsoren als erfolgreich und harmonisch
vorgeführt, was sich übrigens bis heute nicht geändert hat. Die
illustrierten Artikel in der Publikumszeitschrift der Gesellschaft,
dem National Geographic Magazine, und eine Ausstellung in
Washington brachten prompt die gewünschte Bewunderung der
Medien und die Anerkennung der Öffentlichkeit für Binghams

Forscherleistung. Der Ertrag der Expedition war auf natur-
wissenschaftlichem Gebiet in der Tat beachtlich und schlug sich
in gewichtigen Fachveröffentlichungen nieder, darunter Eatons
Studie über die *Inka*-Begräbnisse, die 1916 herauskam. Das archäologische Material konnte zwar einige Zeit nach Binghams
Flucht aus Peru doch noch zur Bearbeitung nach Yale überführt
werden, wurde dort jedoch nie vollständig ausgewertet und veröffentlicht. 1921 mußte es vertragsgemäß an Peru zurückgege-
ben werden. Es ist dann ins Nationalmuseum in Lima überführt
worden, verstaubte dort unausgepackt in den Kellergewölben
und wurde in den nächsten fünfzig Jahren nicht bearbeitet. Statt
dessen begnügten sich die Peruaner mit der Übersetzung von
Eatons längst revisions- und ergänzungsbedürftiger osteologi-
scher Studie, die sie 1990 neu herausgaben.

Schon 1917 glaubte Bingham seine Pflicht, die Veröffentlichung seiner archäologischen Forschungen in Peru, erfüllt zu
haben. Es waren diverse Berichte aus seiner Feder oder von anderen Verfassern in Publikumszeitschriften erschienen, die die
Ergebnisse seiner drei Expeditionen breit, allerdings mehr po-
pulär als wissenschaftlich, darstellten. Bingham, immer noch
von Abenteuerlust getrieben, entschloß sich jetzt, seinem Vater-
land im Krieg gegen das Deutsche Reich zu dienen. Schon seit
seiner Jugend war er dem Fliegen zugetan, und so wurde er, auf
gefährliche Fronteinsätze in Frankreich hoffend, Luftwaffen-
pilot in den US-amerikanischen Streitkräften. Als Etappen- und
Verwaltungssoldat diente er sich bis zum Oberstleutnant hoch.
Seine gefährlichsten Einsätze waren aber, entgegen seinen Träu-
men von der Bewährung im Kampf gegen den Feind, Bruchlan-
dungen bei Trainingsflügen in der Etappe.

Als der Krieg im Herbst 1918 für die USA siegreich beendet
war, galt es für Bingham seine weitere berufliche Laufbahn zu
planen: Weder die Archäologie im Feld noch sein früherer Beruf
als Professor für Geschichte an der Yale-Universität reizten ihn.
Beide waren dem geltungssüchtigen und durch öffentliche Auf-
merksamkeit verwöhnten Mann vergällt: An der Universität
wurde er von seinen Historiker-Kollegen nicht ernst genommen,
vermutlich wegen der übertrieben spekulativen Interpretatio-

nen der peruanischen Geschichte; und in Peru hatten ihm Neider, Bürokraten und die instabile politische Lage die Arbeit unmöglich gemacht. Er entschied sich daher, politische Ämter anzustreben. Die Herkunft seiner Ehefrau, die aus den alteingesessenen und wohlhabenden Familien Mitchell und Tiffany (Schmuckhändler: «Frühstück bei Tiffany») stammte, war seiner politischen Karriere förderlich. In den auf Öffentlichkeit, persönliche Lebensleistung, Mut und Unternehmergeist fixierten USA haben die populären Berichte über seine Expeditionen und die wunderschönen Photographien von *Machu Picchu* aber wohl stärker zum Erfolg seiner Karriere als Politiker beigetragen als die familiären Verbindungen oder seine Kriegskarriere bei der Air Force. Im Rahmen seiner Vorträge ebenso wie bei der Vorbereitung der zweiten und dritten Expedition hatte Bingham außerdem ausgiebig Gelegenheit gehabt, mit führenden Persönlichkeiten des politischen Establishments Kontakte zu knüpfen, darunter sogar mit dem Präsidenten der Vereinigten Staaten, dem einflußreichen Präsidenten seiner Alma Mater, der Yale-Universität, sowie dem bereits genannten Präsidenten der National Geographic Society, Grosvenor. Es gelang Bingham mit solch gewichtiger Unterstützung, aus dem Stand Stellvertretender Gouverneur des Bundesstaates Connecticut, dann Gouverneur und schließlich Senator im Kongreß der Union zu werden. Diese Ämter bekleidete er von 1922–1933 hintereinander.

Der Politiker Bingham wurde in der Öffentlichkeit nun immer mehr zum Entdecker der «verlorenen Stadt der Inka» (so der Titel eines seiner Bücher) und zum untadeligen Organisator mehrerer Entdeckungsreisen stilisiert. Paradox mag im nachhinein erscheinen, daß er Bücher über seine Entdeckungen erst schrieb, als er die angestrebten politischen Ämter bereits erreicht oder gar schon wieder hinter sich gelassen hatte, anders als etwa der Bergsteiger und Abenteurer unserer Tage, Reinhold Messner, der zunächst durch Bücher bekannt wurde, bevor er als Europa-Abgeordneter in die Politik wechselte. Das erste Buch Binghams über seine Expeditionen erschien 1922, das letzte erst 1948. Der Grund dafür, daß er in ihnen nur wenige

neue historische Einsichten oder archäologische Forschungs-
ergebnisse von anderer Seite verarbeitete, lag darin, daß er sich
schon Jahre zuvor aus Wissenschaft und Forschung zurück-
gezogen hatte. Statt dessen wiederholte er in ihnen seine effekt-
heischenden und daher öffentlichkeitswirksamen Deutungen,
zum Teil auch widersprüchlicher Art, aus seinen ersten populären Expeditionsberichten von 1913 bis 1916. Auch schildern
die Bücher nur ihn als Entdecker, Abenteurer und Forscher. Er
hat also sein in der Öffentlichkeit längst verankertes Bild und
die für politische Wahlämter zweckdienliche Fokussierung auf
seine eigene Person so verinnerlicht, daß er nach diesen Vor-
gaben auch seine Bücher schrieb.

5. Neid und Nationalismus

Was ist nun wirklich in Peru geschehen, daß ihm das Land mit
seinen unerschöpflichen Möglichkeiten für abenteuerliche
Unternehmungen und archäologische Entdeckungen so vergällt
wurde? Mit Erfolg war man ihn, den man der schlimmsten Vergehen beschuldigt hatte, 1915 losgeworden. Er stand ja nach
Meinung bestimmter peruanischer Kreise im Begriff, Perus Vergangenheit für sich zu reklamieren und Schätze außer Landes zu
bringen. So wenigstens stellt sich die Auseinandersetzung zwischen Bingham und den peruanischen Behörden nach seinen
eigenen Schilderungen und denen seines sehr objektiv berich-
tenden Biographen-Sohnes dar. Erfolgreich im Sinne der Peruaner hatte man auch die Funde aus den amerikanischen Grabun-
gen repatriiert und in den Katakomben des Nationalmuseums
der allmählichen Verstaubung überlassen.

Einer der Hauptbeteiligten der Gegenseite in dieser Auseinandersetzung, Luis E. Valcárcel, damals junger Journalist und
Student in Cusco und erbitterter Widersacher Binghams, stellt
den Gang der Auseinandersetzung in seinen 70 Jahre später er-
schienenen Memoiren allerdings überraschenderweise viel
harmloser dar: Zwar habe man die Arbeit der Yale-Expedition
kontrollieren müssen, denn so sei die Gesetzeslage in Peru gewesen. Nach der Inspektion des Hauptquartiers der Amerika-

ner in *Ollantay Tampu* und nach Nachforschungen in Bolivien und anderswo habe sich aber der Verdacht gegen die Nordamerikaner nicht bestätigt. Valcárcel schließt die Schilderung dieser Episode mit einer glatten Ehrenerklärung für Bingham und seine Männer:

> Der Anstand und das festgegründete Ansehen der nordamerikanischen wissenschaftlichen Mission konnte nicht angezweifelt werden. Der peruanische Vertreter in der von Hiram Bingham geleiteten Überwachungskommission brachte in seinem Bericht an die Regierung das korrekte Verhalten der Mitglieder der archäologischen Mission während ihrer ganzen Dauer zum Ausdruck.

6. Aussöhnung

Erst wenn man die zitierte Darstellung Valcárcels kennt, versteht man, was sich später in Peru zutrug: Gut 30 Jahre nach den Auseinandersetzungen wurde der Entdecker Bingham – auch diesen Ruhm machte ihm kein besonnener Peruaner mehr streitig – eingeladen, *Machu Picchu* noch einmal zu besuchen und den nach ihm benannten verbreiterten Weg vom Talgrund zu den Ruinen einzuweihen. Eine Bronzetafel dokumentiert das. Sie wurde 1961, anläßlich des 50jährigen Jubiläums der Entdeckung, durch ein etwas auffälligeres Denkmal ersetzt. Bei dieser zweiten Gelegenheit versäumte es die peruanische Regierung wiederum nicht, Bingham persönlich ihre Reverenz zu erweisen, indem sein Sohn Alfred M. Bingham offiziell zu den Feiern eingeladen wurde, denn Bingham Senior war inzwischen verstorben.

Das Alter brachte Bingham noch einmal kurzen, wenn auch moralisch zweifelhaften politischen Ruhm. 1953 wurde er zum Leiter der US-Behörde zur Verfolgung vermeintlicher Kommunisten und Sympathisanten der Sowjetunion berufen. Er nahm das Amt an. Zum Glück für Bingham und das Bild, das wir uns von ihm machen, wurde diese Behörde mit Antritt des Präsidenten Dwight D. Eisenhower im selben Jahr schon wieder abgeschafft. Am 6. Juni 1956 ist Hiram Bingham in Washington (D. C.) einem Leiden der Atemwege erlegen. Seinem Rang als

Oberstleutnant der US-Air Force entsprechend, wurde er mit militärischen Ehren auf dem Heldenfriedhof im nahegelegenen Arlington beigesetzt. Dieses Ehrenbegräbnis, das normalerweise nur ausgewählten hochverdienten Soldaten zuteil wird, verdankt sich wohl nicht seiner unauffälligen militärischen Laufbahn, sondern sicherlich seinem Ruhm als Entdecker *Machu Picchus*.

II. Die *Inka*

1. Ihr mythischer Ursprung

Die Angehörigen der Herrscherklasse im spätindianischen Peru, also die *Inka* im weiteren Sinn, haben ihre Geschichte und Herkunft eigenwillig überhöht, indem sie sich anmaßten zu glauben, sie seien göttlichen Ursprungs. Sie waren zudem so stolz auf diese Herkunft, daß sie ihren Ursprungsmythos bereitwillig allen Spaniern, die ihn hören wollten, erzählten. Er wird daher von den meisten kolonialzeitlichen Chronisten berichtet und findet sich ebenso in der «Chronik von Peru» des Soldaten Pedro Cieza de León, der an der Eroberung teilgenommen hatte, wie bei Pedro Sarmiento de Gamboa, einem Beamten im Gefolge des spanischen Vizekönigs, der seinerseits Augenzeuge der letzten Kämpfe gegen den *Inka Tupaq Amaru* war und dessen «Geschichte des Inkareiches» (S. 33–42) von 1572 ich nun zusammenfasse.

Aus der mittleren von drei Höhlen in einem Felsen am Ort *Tampu T'oqo* (heute: Tambotoco) kamen vier Brüder und vier Schwestern hervor. Zwei von ihnen, *Manqo Khapaq* und *Mama Oqllo Waku*, sollten die Urahnen der *Inka* werden. *Tampu T'oqo* liegt auf einem Hügel in der Nähe von *Paqari Tampu* (heute: Pacaritambo), dessen Name «Rasthaus des Erscheinens» bedeutet. Dieser Hügel befindet sich etwa 30 Kilometer südlich der heutigen Stadt Cusco (indianisch: *Qusqu*). Der jetzige Ortsname Pacaritambo weist also immer noch auf den Ursprungsmythos hin. Auch der gegenwärtige Name des eigentlichen Ursprungsortes *Tampu T'oqo* verweist auf dieses Ereignis. Zwar gibt es dort keinen Felsen mit drei fensterartigen Öffnungen, aber eine von Spalten und Höhlen durchsetzte Felswand.

Die acht Geschwister zogen nach dem Höhlensprung durch die nähere Umgebung und setzten sich mit den Menschen auseinander, denen sie begegneten. Während ihrer Wanderschaft

Abb. 4: Das Urahnenpaar der *Inka*:
links *Manqo Khapaq*, rechts *Mama Oqllo Waku*

heiratete das Geschwisterpaar *Manqo Khapaq* und *Mama Oqllo* und zeugte in inzestuöser Beziehung den Sohn *Sinchi Ruka*, der ihre *Inka*-Sippe später weiterführte. Zunächst aber unterwarfen sie örtliche Bewohner oder rotteten sie aus. Danach ließ sich *Manqo Khapaq* mit seinen Schwestern – alle seine Brüder waren mittlerweile zu steinernen *wak'a* geworden – am Ort der späteren *Inka*-Hauptstadt *Qusqu* nieder. Das indianische Wort *qusqu* bedeutet u. a. «ausgetrocknetes Flußbett» und könnte damit also die Landschaft beschreiben, in der sie seßhaft wurden. Später wurde der Name sprachlich verändert und zu «Mittelpunkt» bzw. «Nabel» umgedeutet. Seit der spanischen Eroberung vor fast 500 Jahren wird er in zwei Varianten geschrieben, Cusco oder Cuzco. Immer wenn die *Inka*-Stadt gemeint ist, werde ich die ursprüngliche Form *Qusqu* verwenden. In *Qusqu* starb *Manqo Khapaq* nach weiteren Taten anscheinend friedlich im Alter von 144 Jahren. Nachfolger wurden seine Söhne. Um ihre anfangs noch ungesicherte politische Macht zu konsolidieren, verbanden sie sich durch Heirat mit ansässigen Herrscherhäusern.

Abgesehen von den eigentümlichen Namen, begegnen uns viele Elemente dieses Ursprungsmythos auch in anderen Indianerkulturen: So z. B. das Heraustreten aus Höhlen als Ursprung in mixtekischen und aztekischen Mythen Altmexikos oder das ziellose Herumwandern und die Auseinandersetzung mit bereits ansässigen Ureinwohnern in zentralmexikanischen Mythen. Es wird aber auch in Schöpfungsmythen andernorts auf der Welt ähnliches erzählt. Beim Höhlenmotiv handelt es sich um ein allgemein menschliches Urbild, nach der Theorie des Tiefenpsychologen Carl Gustav Jung um einen sogenannten Archetypus, den man nach neueren Forschungsergebnissen des Psychologen Norbert Bischof in einer bestimmten Phase des Heranwachsens bei allen Kindern aktiviert beobachten kann und der daher weltweit Eingang in Mythen gefunden hat. Das Höhlenmotiv wird mit spezifischen historischen Erfahrungen stereotypisch verquickt und zu einer Quasi-Geschichte verarbeitet. Im Vergleich zu Schöpfungsberichten der alten Welt, wie z. B. dem der Juden oder der Germanen, ist die Zeitspanne sehr kurz, die nach dem *inkaischen* Bericht seit der Schöpfung verstrichen ist. Das macht den *Inka*-Mythos den zentralmexikanischen Überlieferungen sehr viel ähnlicher. Der Höhlensprung liegt nämlich in Altmexiko wie in Altperu kaum 500 Jahre vor der Zeit, als er den spanischen Eroberern und Chronisten berichtet wurde.

2. *Pacha Kutiq Inka Yupanki* gründet das Reich

Die neunte Generation seit dem Höhlensprung *Manqo Khapaqs* führt uns zum eigentlichen Begründer des *Inka*-Reiches und seines Gottkönigtums: *Pacha Kutiq Inka Yupanki* (Abb. 5). Der erste Bestandteil seines Namens *Pacha Kutiq* bedeutet «Verwandler» oder «Reformator der Erde». Den zweiten Namensbestandteil, *Inka,* hatte als erster sein Großvater *Inka Ruka* geführt. Er war seither konstanter Namensbestandteil der Herrscher und hat sich später auf deren Sippe, dann auf Dorfhäupt-

Abb. 5: *Pacha Kutiq Inka Yupanki,*
der neunte Inka-Herrscher

linge und in unseren Tagen auf das ganze ehemals von den *Inka* beherrschte Volk ausgedehnt. *Pacha Kutiq* trat die Herrschaft im Jahre 1438 an. Ihm lag zunächst daran, die Bedeutung seiner Sippe zu stärken, indem er sie, mit dem Hinweis auf ihre direkte männliche Abstammung vom mythischen Gründer, zur prestigeträchtigsten *Inka*-Sippe erklärte.

Als wichtige staatliche Maßnahme ließ *Pacha Kutiq* seine Hauptstadt *Qusqu* so ausbauen und umgestalten, daß sie in zwei Hälften, *hanan* und *hurin,* geteilt wurde. Im oberen Teil (*Hanan*) durften ausschließlich die *Inka*-Sippen mit direkter männlicher Abstammung von *Manqo Khapaq* wohnen, während alle, die mit ihm nur in weiblicher Linie verwandt waren, in der Unterstadt (*Hurin*) siedeln mußten. Sodann löste er das Problem, daß die in die *Inka*-Sippe einheiratenden Prinzessinnen vom Ansehen der *Inka* etwas abzogen. Er schrieb einfach die Geschwisterehe vor, nach unseren Vorstellungen skandalös. Von nun an sollten der herrschende *Inka* und sein designierter Nachfolger nur ihre leiblichen Schwestern zu legitimen Frauen nehmen, um so das Prestige voll in der eigenen Sippe zu halten.

Zumindest offiziell hielt man sich an diese Bruder-Schwester-Ehe. Und insofern sind die *Inka*-Herrscher und ihre Sippe etwas Besonderes auf der Welt, denn alle anderen Gesellschaften vermeiden solchen Inzest und stellen ihn zum Teil (wie bei uns) unter harte Strafe. Es gab in der Geschichte der Menschheit aber immer wieder Ausnahmen, Herrschergeschlechter, die sich aus ähnlichen Gründen wie die *Inka* Inzest erlaubten oder ihn gar vorschrieben: Die altägyptischen Pharaonen verbanden sich ehelich sowohl mit ihren Schwestern als auch mit ihren Töchtern, und auch im Iran am Ende der Sassaniden-Zeit war dynastischer Inzest üblich. Aus neuerer Zeit wird von Inzest-Praktiken unter den Schilluk im afrikanischen Sudan und im Königreich Tonga in Polynesien berichtet. Die gesellschaftspolitische Kehrseite einer solchen Heiratsvorschrift ist, daß so das Instrument der Allianzbildung mit anderen starken Sippen oder gar mit den Herrscherhäusern fremder Mächte unmöglich wird. Das hatte für die *Inka* aber zu diesem Zeitpunkt kein Gewicht mehr, denn sie waren bereits die Vormacht im Hochland von *Qusqu*. Ob allerdings die Nachfolger des *Inka* immer aus echt inzestuösen Beziehungen entsprossen, ist nicht sicher, da dem Herrscher zahlreiche Nebenfrauen zugestanden wurden und zudem das Quechua-Wort für Schwester möglicherweise auch für Kusinen gebräuchlich war.

Eine Institution, deren Entstehung nicht notwendig in die Zeit *Pacha Kutiqs* fällt, ist die der auserwählten Jungfrauen (*akllakuna*). Unter den zehnjährigen Mädchen haben eigens dafür eingesetzte Beamte im ganzen Reich die schönsten ausgewählt. Sie wurden dann von früher bereits ebenso ausgebildeten und daher erfahrenen *mamakuna* in einem vierjährigen Noviziat unterrichtet, um besondere staatliche und religiöse Aufgaben ausüben zu können. Die meisten von ihnen lebten in Klostern, versahen religiöse Dienste und stiegen dann selbst in den Rang von *mamakuna* auf. Andere verheiratete man an lokale Notabeln, und eine besonders bevorzugte Gruppe tat in der Hauptstadt Dienst. Aus ihnen konnte der *Inka* Konkubinen wählen. Zur Zeit der spanischen Eroberung *Qusqus* sollen im dortigen Sonnentempel 400 *mamakuna* gelebt haben.

Um seinen Ruhm weiter zu mehren, richtete *Pacha Kutiq* seine Bemühungen auch auf den Ausbau des religiösen Kults. So begründete er die Sitte, daß der *Inka*-Herrscher als *wak'a* verehrt wurde, d. h. als Manifestation göttlicher Macht. Dieses uns rationalen Menschen kaum verständliche Konzept ist auch in anderen Kulturen verbreitet: Die Kraft, die Charisma, Prestige und Gottähnlichkeit verleiht, manifestiert sich in Gegenständen und an heiligen Orten. In Altägypten nannte man sie *ka*, in den polynesischen Häuptlingstümern hieß sie *mana* und bei nordamerikanischen Indianern *orenda* oder *wakonda*. Unter den *Inka* hatte sie eine besondere Note, da sich die eigentlich transzendente Kraft sehr konkret in Felsheiligtümern verwirklichen konnte. So hat *wak'a* auch zwei begriffliche Aspekte: Das konkrete Heiligtum, das verehrt wird und Kraft verleiht, und die Kraft an sich. *Qusqu* bildete mit seinem Sonnentempel *Quri Kancha* (wörtl. goldener Palast) den Mittelpunkt eines Netzes von Heiligtümern, die von der Stadt in alle Richtungen ausstrahlend gedacht waren, jede Linie wurde einer Sippe zugeordnet. Diese Sippe verehrte und pflegte die entlang der Trassen und vor allem an ihrem Endpunkt befindlichen Heiligtümer, eben die konkreten *Wak'a*. Damit einher ging in *Qusqu* selbst der weitere Ausbau des Sonnentempels *Quri Kancha* und des Kultes der Sonne (*inti*). Auch für die Förderung dieser Kultstätten hat *Pacha Kutiqs* Bauprogramm die Grundlage geliefert.

Schließlich entstand aus *Pacha Kutiqs* Reformen eine Sitte, die es zur Verpflichtung machte, daß jeder *Inka* aus sich heraus eine eigene Teilsippe gründete, die *panaka*, die, mit ihm beginnend, unveräußerliche Güter, Ländereien, Schätze und die eben schon angesprochenen Kultstätten erhielt. Sie waren seinem Andenken gewidmet und wurden dem Nießbrauch seiner Nachkommenschaft überlassen. Man nennt eine solche politische Verfassung in der Ethnologie einen Patrimonialstaat. Er unterscheidet sich vom absolutistischen Königreich dadurch, daß der Herrscher nicht alles besitzt und daß dessen Erbe nicht an seinen Nachfolger fällt, sondern jeder neue Herrscher sich sein eigenes Patrimonium schaffen muß. In dieser politischen Verfassung des *Inka*-

Staates vermutet die Forschung den Antrieb zur Eroberung neuer Gebiete, der die Expansion des Reiches beschleunigte. Denn vor allem in neueroberten Ländern konnte der Herrscher Reichtum und eigenes Land erwerben, um seine *panaka* angemessen auszustatten. Auch in den geschilderten Aspekten der Herrschaft ähnelt der *Inka*-Staat dem allerdings viel diesseitiger wirkenden Staatswesen der Azteken in Zentralmexiko, das in seiner Spätzeit ähnliche Sippenverbände, von jedem Herrscher ausgehend, mit den ihnen zugehörigen Ländereien und Hauptstadtpalästen aufwies. Bei den *Inka* schloß die Verehrung eines vergangenen Herrschers durch seine Sippe auch sein Totenbündel, also seine Mumie, ein. Sie wurde vor allem am Fest *Inti Raymi* aus der Begräbnisstätte geholt, feierlich zum Festplatz getragen und dort, mit Trank- und Speiseopfern bedacht, in einer Felsnische aufgestellt, von wo aus der verstorbene Herrscher dann passiv am Fest teilnehmen konnte. In diesem Aspekt ähnelt der *inkaische* Herrscherkult am meisten dem Glauben und der Praxis der Alt-Ägypter.

Pacha Kutiqs panaka erhielt das von ihm eroberte und bereits von *Inka* besiedelte Bergland in Richtung Amazonien, das als Reichsteil *Anti Suyu* (wörtl. der Bergwald im Osten) hieß und an den Oberläufen der Amazonas-Quellflüsse *Uru Pampa* (heute: Urubamba) und *Apu Rimaq* nordöstlich der Hauptstadt *Qusqu* lag. Dadurch ist auch der Zusammenhang mit *Machu Picchu* hergestellt. Denn *Machu Picchu* am *Uru Pampa*-Fluß, inmitten des Königslandes *Pacha Kutiqs* gelegen, war aller Wahrscheinlichkeit nach eine Gründung dieses großen *Inka*-Herrschers. Das erklärt zwei Eigenschaften dieser Stadt: Zum einen ist manches Gebäude in *Machu Picchu* und die Aufteilung der gesamten Stadtanlage *Qusqu* ähnlich. *Machu Picchu* ist also gewissermaßen ein einfacheres und bescheideneres Abbild der Reichshauptstadt. Andererseits erklärt sich aus der gemeinsamen Gründungsgeschichte aller *Inka*-Städte in diesem Gebiet die verblüffende Ähnlichkeit, welche die größeren Bergsiedlungen in den *Uru Pampa*-, *Apu Rimaq*-, *Aku Pampa*- (heute Aobamba-) und *Willka Nuta*-Tälern in Details der Anlage und in ganzen Baugruppen aufwiesen.

Pacha Kutiqs Herrschaft endete, auch das ist eine Neuerung, die allerdings schon sein Vater *Wira Qucha Inka* eingeführt hatte, durch Abdankung wegen Altersschwäche, so daß er selbst noch seinen Sohn *Tupaq Inka Yupanki* zum Nachfolger bestimmen konnte. So wie ihm im Jahre 1438 sein Vater *Wira Qucha* die Königsbinde hatte umlegen lassen, hielt er es im Jahre 1471 mit seinem eigenen Sohn. *Pacha Kutiq* zog sich danach auf seine Patrimonialgüter zurück und segnete dort einige Jahre später friedlich das Zeitliche. Bestattet wurde er wahrscheinlich in einer Höhle von *Kenku,* ganz in der Nähe *Qusqus,* wie Max Uhle schon vor 100 Jahren vermutete.

3. Spanier erobern das *Inka*-Reich

Als 1532 der spanische Eroberer Francisco Pizarro nach jahrelangen erfolglosen Bemühungen schließlich seinen Fuß auf die südamerikanische Küste setzte – er landete beim heutigen Tumbes in Peru –, befand er sich im äußersten Norden eines straff durchorganisierten indianischen Reiches gewaltiger Ausdehnung, des *Inka*-Reiches. Das stand aber mitten in einem Erbfolgekrieg zwischen den Halbbrüdern *Waskar* und *Ata Wallpa*. Beide wollten ihren Vater, den 1527 oder 1528 in seiner Lieblingsresidenz *Tumi Pampa* (heute: Tomebamba) im nördlichen Reichsteil verstorbenen *Inka Wayna Khapaq* (regierte seit 1493) beerben. Der Herrschaftsübergang war bei den *Inka* stets prekär, denn es gab keine von vornherein geregelte Nachfolge, so daß sich leicht ein Bruder- und Erbfolgezwist entwickelte, wenn der regierende *Inka* nicht selbst für eine klare Nachfolgeregelung gesorgt hatte. Als sich Pizarro entschloß, die Küste zu verlassen und ins Hochland vorzudringen, neigte sich der Sieg *Waskar* zu, der schon unumstrittener Herr von *Qusqu*, der Hauptstadt des Reiches, war, während *Ata Wallpa* nur noch den Norden, das heutige Ecuador mit den großen Städten *Kitu* (heute: Quito) und *Kasa Marka* (heute: Cajamarca), beherrschte. *Ata Wallpa* mußte sich also gleichzeitig den Spaniern entgegenstellen und durch Intrigen versuchen, seinen Halbbruder *Waskar* im fernen *Qusqu* auszuschalten. Pizarros Truppen er-

Abb. 6: Der *Inka Wayna Khapaq*
befriedigt die Gier der spanischen
Eroberer nach Gold, indem er
dem Lotsen und Artillerie-Haupt-
mann Canida Goldkörner und
goldenes Geschirr übergibt. Der
Text im Bild auf quechua und
spanisch läßt W. K. fragen: «Ist das
das Gold, das du issest?», und
Canida antwortet: «Dieses Gold
essen wir.»

reichten die Hochlandstadt *Kasa Marka* am 15. November
1532. Dort schlugen sie am folgenden Tag die entscheidende
Schlacht gegen das *Inka*-Heer, die für damaliges europäisches
Kriegsgeschehen unvorstellbar günstig für sie ausging: Auf seiten *Ata Wallpas* waren mehrere tausend Tote und die Gefangen-
nahme des Herrschers selbst zu bilanzieren, während auf seiten
der Spanier die meisten Geschichtsschreiber von keinerlei Ver-
lust an Menschenleben reden. Nur ein besonders gewissenhaf-
ter Chronist merkt an, daß ein spanischer Negersklave um-
gekommen sei. Während *Ata Wallpa* diese militärische Kata-
strophe erlebte, gelang es seinen Agenten in *Qusqu*, *Waskar* zu
töten. Allerdings brachte ihm das nun keinen Vorteil mehr, da er
selbst in die Hände der Spanier gefallen war.

Anschließend verhandelte der gefangene *Inka Ata Wallpa*
mit Pizarro über Lösegeld und versprach den Spaniern, Räume
voll Gold und Silber füllen zu lassen. Die Spanier gingen
scheinbar auf dieses Angebot ein. Zwar kassierten sie nicht
ganz so viel, wie *Ata Wallpa* versprochen hatte oder wie sie

selbst erwarteten, aber immerhin waren es nach offizieller Wägung durch Pizarro 52 000 Mark Silber und 1 626 500 Pesos Gold. Das entsprach in damaliger Münzwährung zwei Millionen Gold-Pesos und stellte damit selbst dann eine unglaubliche Beute dar, wenn man die 20% abzieht, die dem spanischen König zustanden. Allerdings hatten die Spanier keinen unmittelbaren Nutzen von diesem Reichtum, denn was sollten sie sich in dem von Krieg zerrütteten Land dafür kaufen? Außerdem setzte aufgrund der Edelmetallschwemme eine rasante Teuerung für spanische Waren ein oder, anders formuliert, eine galoppierende Inflation. Ein einfacher Soldat mußte kurz nach der Verteilung der Beute für eine Stoffhose 20 Pesos zahlen. Man könnte also überspitzt sagen, daß die gesamte Beute der Spanier nur einen Gegenwert von 100 000 Stoffhosen einfachster Machart hatte.

Trotz der Lösegeldlieferung hielten die Spanier *Ata Wallpa* weiter gefangen. Nach acht Monaten schien es opportun, ihn zu beseitigen, und Pizarro ließ ihm den Prozeß wegen der Ermordung seines Bruders *Waskar* machen. Das Urteil konnte nur die Hinrichtung *Ata Wallpas* sein. Alle Chroniken melden, daß *Ata Wallpa* sein Leben gefaßt und in Würde unter der Hand des spanischen Henkers beendete, der ihn erdrosselte.

Selbst unter den wenig zimperlichen spanischen Eroberern fand diese Willkürjustiz nicht nur Beifall. So urteilt der spanische Beamte Gaspar de Espinosa in einem Bericht an seinen König:

> Nach meinem Dafürhalten hätte es einer ganz gründlichen Untersuchung und Klärung bedurft, bevor man einen solchen Schuldspruch fällt und einen Menschen umbringt, der so viel Gutes getan und so reiche Schätze verschenkt oder uns auf solche hingewiesen hat, ohne daß bis zum heutigen Tag einem Spanier oder einer anderen Person das geringste Leid geschehen ist.

Pizarro rief nach der Hinrichtung *Ata Wallpas* die *Inka*-Noblen zusammen und ließ sie einen Herrscher von seinen Gnaden wählen. Neuer *Inka* wurde ein weiterer Sohn *Wayna Khapaqs* namens *Tupaq Wallpa*. Nun erst wagten sich die Spanier nach Süden, um die Hauptstadt des *Inka*-Reiches zu erobern. Der lange und gefährliche Weg führte sie auch über eine Hängebrücke, die die Schlucht des *Apu Rimaq*-Flusses fast 40 Meter über dem tosenden Strom überspannte. Diese Brücke, die von der ortsansässigen Bevölkerung bis um 1900 immer wieder in traditioneller Art aus geflochtenen Seilen erneuert wurde, ist nie spektakulär zusammengebrochen, wie es Thornton Wilder zum Schlüsselereignis seines Romans «Die Brücke von San Luis Rey» machte. Ganz im Gegenteil hat ihr Anblick noch im 19. Jahrhundert dem Reiseschriftsteller Ephraim George Squier Ehrfurcht vor der Ingenieurskunst der *Inka* eingeflößt und zugleich Angstschauer über den Rücken gejagt, als er sie überqueren mußte. Sie ist erst zu Beginn des 20. Jahrhunderts ganz prosaisch und ohne Unfall abgerissen worden.

Die Truppen Pizarros besiegten meist durch überlegene Taktik und den Einsatz ihrer Reiterei, deren Manöver die indianischen Gegner nicht einschätzen, geschweige denn antizipieren konnten, alle *Inka*-Heere, die sich ihnen, geführt von den noch aktiven Generälen der verschiedenen Reichsteile, entgegenstellten. Schließlich zogen sie in *Qusqu* ein. Während der Kämpfe fiel *Tupaq Wallpa* einem Giftmord zum Opfer. Daher setzte Pizarro, nachdem er *Qusqu* eingenommen und es gründlich hatte plündern lassen, als nächsten Marionetten-Herrscher *Manqo Inka Yupanki* ein, auch er ein Bruder *Ata Wallpas*, jedoch einer, der sich im Laufe der vorangegangenen Kämpfe bereits den Spaniern ergeben hatte. Der neue Herrscher mußte nun schon ganz offiziell dem spanischen König Loyalität schwören. Pizarro und der neue *Inka* verbrachten anschließend eine friedliche, scheinbar sogar idyllische Zeit miteinander. Als äußeres Zeichen der Freundschaft gingen sie gemeinsam auf die jährlich stattfindende *Inka*-Treibjagd. «Scheinbar» nenne ich dieses Verhalten, denn *Manqo* hat in seiner kurzen aktiven Rolle als Heerführer und *Inka*-Herrscher stets geschickt taktiert und unter Vorbehalten gehandelt, hatte er doch eine unübersehbare Zahl von Gegnern, nicht nur unter den Spaniern, sondern auch unter den in verfeindete Fraktionen zerfallenen *Inka* zu berücksichtigen.

Damit schien die Eroberung Perus, wie man das *Inka*-Reich bald nannte, politisch und militärisch abgeschlossen, auch wenn die wenigen Spanier im ausgedehnten Land noch längst nicht alle Reichsteile besetzt hatten.

4. Rückzug des *Inka* nach *Anti Suyu*

Während die spanischen Eroberer, anstatt ihre Herrschaft in *Qusqu* und dem Kerngebiet des *Inka*-Reiches zu konsolidieren, sich teilten und ein Kontingent von 530 Spaniern unter Diego de Almagro die Eroberung auf das heutige Chile auszudehnen versuchte, brach 1536 in den Südost-Provinzen und Monate später auch in *Qusqu* ein Aufstand der Indianer aus. Heute betrachtet, ist er in seinem Ablauf als militante Heilserwartungsbewegung erklärlich. Den Zeitgenossen blieb er aber unheimlich und völlig unverständlich. Allenfalls konnten sie ihn als Werk des Teufels erfassen, wenn sie überzeugte Christen waren. Die führenden Köpfe des Aufstandes waren der *inkaische* Hohepriester *Willaq Umu* und der Heerführer *Tisi Yupanki*, beides Brüder des herrschenden *Inka Manqo*. Der *Inka* selbst schloß sich nur zögernd dem Aufstand an, er hatte sich ja tatsächlich oder scheinbar, das ist im nachhinein kaum noch zu klären, den Spaniern unterworfen und dem spanischen König Treue geschworen. Die 200 in Cusco belagerten Spanier schätzten ihre Gegner auf 50 000 bis 200 000 Mann. Freilich muß man, um die militärische Lage richtig einzuschätzen, bedenken, daß mit den Spaniern *Inka*-feindliche indianische Hilfstruppen kämpften, die mindestens ebenso viele Krieger zählten wie die der Gegner. Die *Inka*-Truppen besetzten die «Festung» *Saksai Waman* oberhalb *Hanan Qusqus* und bedrohten die eingeschlossenen Spanier dadurch besonders. Denen gelang es aber, *Saksai Waman* zurückzuerobern und sich damit der größten Gefahr erst einmal zu entledigen. Dennoch ging das Ringen um die Hauptstadt noch monatelang weiter.

Hauptquartier der *Inka* war die Stadt *Ollantay Tampu* im *Uru Pampa*-Tal. Zum Zentrum ihres Aufstandes und zu dem von ihnen beherrschten Rückzugsgebiet gehörte außerdem das

benachbarte *Apu Rimaq-Tal*. Obwohl nicht weit von *Qusqu*
entfernt, lag es schon im Reichsteil *Anti Suyu*, dem unzugäng-
lichsten Gebiet mit tief zerklüfteten Tälern. Zwar war nun in
Qusqu die prekäre Dominanz der Spanier wiederhergestellt,
doch vergeudeten diese ihre Kräfte wiederum in Fraktions-
kämpfen und mit erneuten Expeditionen in ferne Gebiete: Jetzt
wollte man den Amazonasstrom, von dem vage Vorstellungen
bestanden, erreichen und über ihn den Atlantischen Ozean. Dieses Unternehmen hat Werner Herzog in dem Spielfilm «Aguirre
oder der Zorn Gottes» lebendig dargestellt und mit Klaus Kinski in der Rolle des besessenen Generals Aguirre ein glaubhaftes
Bild vom Draufgängertum spanischer Anführer gezeichnet.

Unterdessen zog sich der *Inka Manqo* in die Bergfestung *Witkos* in einem Nebental des *Uru Pampa*-Flusses zurück und
herrschte dort über die schwer zugängliche Schlucht von *Willka
Pampa* und letztlich auch über die Täler der *Uru Pampa*- und
Apu Rimaq-Ströme mit ihrer bäuerlichen Talbevölkerung und
den Höhensiedlungen *Willka Pampa* und *Witkos*. Dort gewähr-
te er einigen Spaniern Asyl, die wegen ihrer Verwicklung in den
Mord an Francisco Pizarro aus *Qusqu* geflohen waren. Sie miß-
brauchten die Gastfreundschaft des *Inka* allerdings schon nach
drei Jahren, indem sie ihn 1544 ermordeten. Doch noch waren
drei Söhne des Getöteten am Leben und in Freiheit: *Sayri Tupaq*, *Titu Kusi Yupanki* und *Tupaq Amaru*. *Sayri Tupaq* ließ
sich 1557 vom spanischen Vizekönig Andrés Hurtado de Men-
doza, Marqués de Cañete, dazu überreden, unter spanischer
Herrschaft in Lima (früher: *Rimaq*) zu leben. Er erhielt ein
Lehen, das er aber kaum genießen konnte, denn bald danach ist
er unter ungeklärten Umständen gestorben. Im unabhängigen
Restreich in den Bergen wurde sein 30jähriger jüngerer Bruder
Titu Kusi Yupanki 1560 sein Nachfolger als *Inka*.

Titu Kusi Yupanki führte geschickte Verhandlungen mit den
Spaniern, nachgiebig in den Formen und Formulierungen, aber
de facto auf Unabhängigkeit bedacht. Zwar stimmte er 1568
seiner christlichen Taufe zu und nahm einige Mönche in seine
Residenz auf, doch die politische und militärische Kontrolle in
seinem Restreich gab er nicht aus der Hand. Der Vertrag wurde

zwischen ihm und dem spanischen König am 24. August 1566 am *Aqu Pampa*-Fluß (heute: Aobamba), dem Grenzfluß der beiden Herrschaftsgebiete, geschlossen und 1569 vom spanischen König bestätigt.

Das war der Höhe- und zugleich der Wendepunkt dieser zunächst erfolgreichen Politik. Die Spanier interpretierten den Vertrag auf für sie günstige Weise und drängten als Goldsucher und Missionare in das *Inka*-Land. Konflikte blieben nicht aus, und in ihrem Verlauf wurden einige Spanier getötet. Der etwa ein Jahr später, also 1570 oder 1571, erfolgte plötzliche Tod des *Inka Titu Kusi Yupanki* könnte ein Mordkomplott von spanischer Seite gewesen sein, initiiert aus Rache für die im Vorjahr umgekommenen Spanier.

5. Das Ende des letzten *Inka*

Inka wurde nach *Titu Kusis* Tod sein politisch und militärisch unerfahrener Bruder *Tupaq Amaru*. Er mußte sich gegen ein spanisches Expeditionsheer behaupten, das der Vizekönig Francisco de Toledo hatte aufstellen lassen und das wieder durch das *Uru Pampa*-Tal und über die Brücke von *Chuqi Chaka* vordrang. Der indianische Widerstand war nach dem Urteil der Spanier erstaunlich schwach. *Tupaq Amaru* floh *Uru Pampa*-abwärts, wurde aber im Juli 1572 eingeholt und gefaßt. Er hatte, mit Rücksicht auf seine hochschwangere Frau, die Flucht nicht zügig genug vorangetrieben und war von einem örtlichen Dorfvorsteher an die Spanier verraten worden. Man machte ihm nach spanischem Recht den Prozeß, und er wurde in konsequenter Siegerjustiz, wie es schon mit *Ata Wallpa* geschehen war, zum Tode verurteilt. Am 23. September 1572 richteten ihn die Spanier in *Qusqu* öffentlich hin. Ein spanischer Augenzeuge berichtet:

> An dem Tag der Hinrichtung fanden sich auf dem Hauptplatz der Stadt, wo das Schafott aufgebaut war, über 100 000 Indianer und Indianerinnen ein und begannen laut über ihren König und Herrn zu weinen und zu trauern … Er war am Ende seiner Kraft und kaum noch der Sprache mächtig. Vor seinem schrecklichen Ende wurde er

noch getauft ... Augenblicklich hörte das Schreien und Jammern auf ... und es herrschte absolute Stille, als atme auf dem Platze kein lebender Mensch. Eine solche geistige Macht übte das inkaische Königtum noch auf seine Untertanen aus.

Nach der Exekution wurde das Haupt *Tupaq Amarus* allen Umstehenden gezeigt ... Da begann das Weinen und Klagen aufs neue und schwoll [...] zu einer Stärke an, wie sie sich niemand vorstellen kann, der es nicht selbst gehört hat. Man stellte seinen Kopf auf einem Pfeiler aus. Dort blieb er aber nur bis zum nächsten Abend, denn eine beängstigende Anzahl von Indianern verharrte auf dem Platz in Anbetung des verehrten Hauptes, ohne zu essen, und wollte sich nicht von ihm trennen.

Die nun einsetzenden spanischen Beutezüge und Plünderungen in der eroberten Provinz von *Willka Pampa* und die anschließende Mißwirtschaft dort führten zu deren Entvölkerung und dazu, daß die *Inka* alle ihre befestigten Plätze aufgaben, darunter wohl auch *Machu Picchu*. Es war aber vielleicht schon früher verlassen worden, da es an den spanischen Herrschaftsbereich angrenzte.

Sowenig erfolgreich *Tupaq Amaru* in seinem Endkampf letztlich war, ging er dennoch als Held in die indianische Folklore ein, und die Verehrung für ihn blieb so lebendig, daß sich ein aufständischer Mestize und Fuhrunternehmer namens José Gabriel Condorcanqui noch im 17. Jahrhundert zur Förderung seines eigenen Prestiges selbst *Tupaq Amaru* (II.) nannte. Auch er blieb, wie sein Namensvorgänger und weitläufiger Verwandter, mit seinem Aufstand erfolglos und wurde im Mai 1781 ebenfalls in Cusco hingerichtet.

III. Die Stadt *Machu Picchu*

1. Stadtmauer und Stadttor (*Inti Punku*)

Machu Picchu ist aufgrund seiner exponierten Höhenlage von fast allen Seiten durch steil abfallende Hänge gut geschützt. Die Flanke gegen die Ackerbauterrassen ist jedoch relativ eben, und so hat man dort aus grobem Bruchstein und Mörtel eine Mauer von durchgehend fünf Meter Höhe mit einer breiten Treppenflucht längs des Mauerfußes und einem vorgelagerten Trockengraben errichtet, um auch diese Seite der Stadt zu sichern. Die Treppenflucht, ein gerader und schnell begehbarer Weg, dient dazu, die Kommunikation in der Hangrichtung zu erleichtern, denn durch sie kann man das innerstädtische Häuser- und Gassengewirr umgehen.

Die Technik des Mauerwerkes, die sich hier besonders gut studieren läßt, ist einfach und zweckvoll. Zuunterst legt man große unregelmäßig behauene, aber an der Außenseite geglättete Steine in lockeren Verband und verfugt sie nötigenfalls mit kleineren Steinen. Darüber wird aus gleichmäßig zugerichteten, handlicheren Quadern eine gutgefügte Mauer gebaut. Die so errichteten Außenwände halten aufgrund ihrer leichten Neigung nach innen den Kern aus grober Stein- und Sandschüttung sehr gut fest, obwohl bei einer solchen Trockenmauer die Steine ohne verbindenden Mörtel gefügt sind. Durch die Neigung der beiden Außenwände nach innen verjüngt sich die Mauer nach oben hin. Die kleineren, also handlicheren Steine der oberen Zone erleichtern die Arbeit beim Hochziehen der Mauer, denn wir müssen bedenken, daß die *Inka*-Baumeister und ihre Arbeiter weder über Flaschenzüge noch über andere effiziente Hubvorrichtungen für schwere Lasten verfügten. Lediglich Seile und einfache, aus Baumstämmen errichtete Holzständer dienten ihnen zum Heben der Steine. Für den Transport besonders schwergewichtiger Brocken ließen sie Erdrampen aufschütten, um die Last auf einer

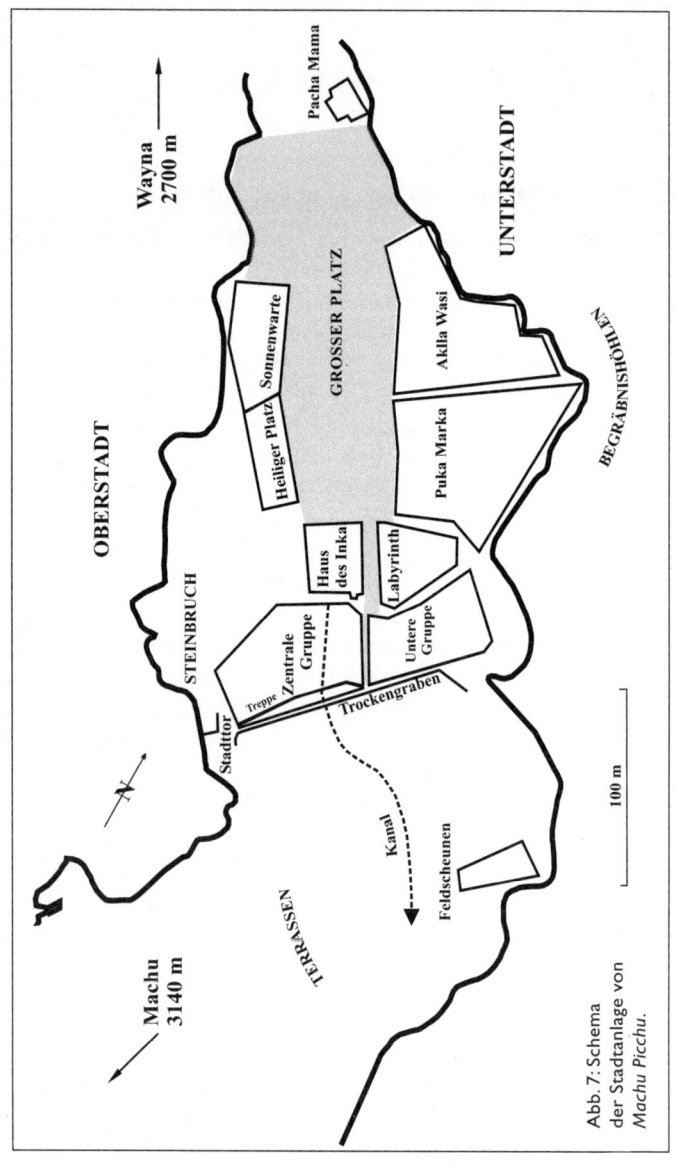

Abb. 7: Schema der Stadtanlage von *Machu Picchu*.

Abb. 8: Rekonstruktion
der Verschlußvorrichtung am Stadttor

schiefen Ebene allmählich in die gewünschte Höhenlage zu be-
fördern, ganz so wie andere frühe Kulturen, zum Beispiel die
Alt-Ägypter, ihre Großsteinbauten errichteten. So hat es also
auch einen arbeitssparenden Zweck, die obersten Steine der
Stadtmauer kleiner zu wählen als die unteren.

Am höchsten Punkt des Geländes wird die Mauer von einem
trapezförmigen Tor mit beidseitigen Laibungen, Schwelle und
Türsturz aus großen, glattgeschliffenen und gut aufeinanderge-
paßten Monolithen durchbrochen. In der Literatur heißt dieser
Eingang «Sonnentor» (*Inti Punku*). Wie bei allen Namen von
Bauwerken und Plätzen in *Machu Picchu* handelt es sich um
eine phantasievolle Neuschöpfung der Entdecker und Interpreten unserer Zeit. Der Tordurchgang ist gerade breit genug für
zwei Menschen oder einen Menschen, der ein *Llama* als Lasttier
mitführt. Wenn man zum Beispiel, aus Cusco kommend, nach
100 beschwerlichen Kilometern die Stadt durch dieses Tor be-
tritt, fühlt man sich durch die beiderseits des Weges in der Stadt
aufragenden Mauern unvermittelt eingeengt, wie in einer städtischen Gasse. Dieses Gefühl drückt sicher auch den Zweck des
Stadttores aus: Es soll den Eingang überwachen. Da das Tor der
Hauptzugang zur Stadt war und man ihn besonders gut zu kontrollieren wünschte, hat man an seiner zur Stadt weisenden Sei-

te drei steinerne Ösen angebracht: Eine ist als hervorragender Ring geformt und befindet sich mittig über dem Türsturz, die beiden anderen sind beidseitig in etwa einem Meter Höhe über dem Boden in die Torlaibungen eingelassen. In diese Ösen konnte man zwei sich kreuzende Balken oder auch eine Wand aus Holzbalken einhängen, um den Zugang zu verschließen, wie es die Rekonstruktionszeichnung (Abb. 8) zeigt. Das Tor wird vermutlich nur aus besonderem Anlaß gesperrt worden sein, denn die Ösen sind so angebracht, daß man keine Tür einhängen kann, die sich einfach öffnen und schließen ließe. Wollte man das Tor abriegeln, mußte die Tür erst herangeschafft und in den Ösen vertäut werden. Ebenso mühsam war das Öffnen. Eine genau gleich konstruierte Vorrichtung ist im Innern der Stadt an dem Tor angebracht, das Zugang zum Turm und zu der ihm vorgelagerten Nischenhalle gewährt. Sonst aber scheinen Durchgänge in *Machu Picchu* nicht absperrbar gewesen zu sein.

2. Die zentrale Gruppe (*Yachay Wasi*)

Der Weg führt durch das Tor in den obersten Bereich der Stadt und dann relativ eben und geradewegs zum Heiligen Platz. Dabei passiert man linker Hand einen großen Steinbruch mit einigen wenigen unscheinbaren und verfallenen Gebäuden. Diese kaum bebaute Zone macht einen steppenartigen Eindruck und gehörte auch früher nicht zu den gepflegten Bereichen der Stadt. Wendet man sich jedoch nach rechts, kann man zwischen den langgestreckten Hauswänden durch enge Gassen, Korridore und über Treppen die zentrale Gruppe betreten, die den phantasievollen Namen *Yachay Wasi*, «Haus der Gelehrten», erhalten hat. Zentral liegt sie nicht in bezug auf die Wohnfläche der Stadt, sondern nur insofern, als sie zwischen der Terrassenzone und der Wohnstadt situiert ist. Sie wird auf einer Seite von der Stadtmauer und auf der gegenüberliegenden durch die Haupttreppe begrenzt. Intern ist die zentrale Gruppe zweigeteilt in eine obere, einförmig von Korridoren und durchgehenden Mauern strukturierte Zone und die hangabwärts anschließende, ganz anders gestaltete Turmgruppe.

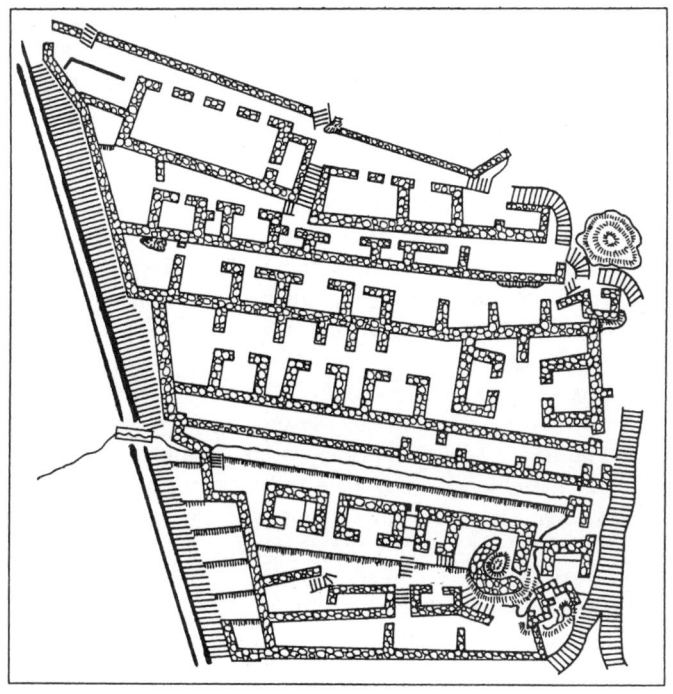

Abb. 9: Die Zentrale Gruppe (*Yachay Wasi*)

Obere Zone. Die obere Zone umfaßt etwa 30 Nutzbauten, die der Kontur des Berghanges folgend in vier gestaffelten Reihen errichtet sind, so dicht, daß zwischen ihnen nur schmale Gassen bleiben. Diese Häuserzeilen werden voneinander durch drei über die ganze Länge gezogene Mauern getrennt, die den Häusern ihrerseits als rückwärtige oder seitliche Wände dienen. Manche der Reihenhäuser stehen mit der Traufe, andere mit dem Giebel zum Hang.

Das erste Haus direkt am Torweg könnte wegen seiner Geräumigkeit und Lage unmittelbar hinter dem Stadttor als Karawanserei gedient haben. Der Reisende hätte seine Lasttiere praktischerweise gleich gegenüber im verwilderten Steinbruch grasen lassen können, während er sich dort häuslich einrichtete.

Die Dichte und relative Einförmigkeit der Bebauung sowie die besonders großen Gebäude in der obersten Reihe, am Rande des Torweges, kennzeichnen diese Zone als einen der Hauptwohnbezirke und zugleich vielleicht als Ort administrativer Tätigkeit. Alle hier stehenden Gebäude sind in sorgfältiger Steinmetzarbeit errichtet, oft mit gemauerten Giebeln und Giebelfenstern. Eine torlose Mauer am unteren Rand der oberen Zone und die dahinter an ihr entlangführende Wasserleitung grenzen sie deutlich gegen die Turmgruppe ab, vermutlich weil man letztere vor unbefugtem Zutritt schützen wollte.

Turmgruppe. Die mittlere Zone der zentralen Gruppe wird nach ihrem markantesten Gebäude auch Turmgruppe (Abb. 10 und 11) genannt. Sie ist ein kleines, von nur zehn Gebäuden gebildetes Ensemble, das von allen Gebäudegruppen in *Machu Picchu* nach außen hin am sorgfältigsten abgegrenzt ist. An ihrer Südost-Seite, an der Seite gegen die obere Zone sowie hangabwärts stehen durchlaufende Mauern. Lediglich an ihrer nordwestlichen Schmalseite zur Haupttreppe hin kann man die Turmgruppe an drei Stellen ungehindert betreten. Dort befinden sich auch die vier Brunnen, die der jetzt west-östlich geführte Kanal speist.

Eine Besonderheit dieser Gruppe ist, daß der Kanal durch sie hindurchgeführt wird und daß vier der insgesamt sechzehn Brunnen in dieser Gruppe sprudeln. Auch das ist ein deutlicher Hinweis auf ihre herausgehobene Funktion. Daher neige ich zu der Annahme, daß hier, und nicht im benachbarten «Haus des *Inka*», die politisch maßgeblichen Einwohner lebten.

Turm und Nischenhalle. Das auffälligste Gebäude dieser Gruppe ist der namengebende Turm (Abb. 10). Im europäischen Sinne ist es eigentlich kein «Turm», sondern ein Mauergeviert, dessen talseitige Mauer nur über die Hälfte ihrer eigentlichen Länge gezogen ist, dann einen halben Kreisbogen nach innen beschreibt und sich schließlich wiederum nach der Hälfte der Tiefe des Gevierts nach rechts zu einem Kreis wölbt, aber einen

Abb. 10: Der Turm und die Nischenhalle

breiten Durchgang in den Innenraum offenläßt. Aufgrund dieser in das Geviert eingefügten Halbellipse wird das Gebäude
Turm genannt, obwohl «Türme» nach unserer Auffassung geschlossene Bauwerke von meist rechteckigem oder kreisrundem
Grundriß sind. Auch die Höhe des Turmes entspricht nicht unseren Vorstellungen von einem solchen Gebäude. Seine Mauern
ragen heute nur vier Meter über das Niveau ihres begehbaren
Innenraumes empor. Freilich wirkt der Turm von unten, wegen
des dort steil abfallenden Geländes, recht massig und hoch. Er
war ursprünglich wohl kaum höher als heute, man hatte aber
damals unmittelbar auf die Mauerkrone ein kegelförmiges
Strohdach gesetzt.

Der Turm umschließt einen Felsen und ist auf dessen unebener Oberfläche gebaut, ohne Mörtel und fast fugenlos aus feinen behauenen Quadern. Die Oberfläche dieses Felsens wurde
im Innern des Turmes nicht eingeebnet, sondern weitgehend in
ihrer natürlichen Form belassen beziehungsweise vielleicht nur
mit dem Ziel ein wenig bearbeitet, daß der Felskopf den Eindruck eines massig daliegenden Tieres vermittelt. Er ist an meh

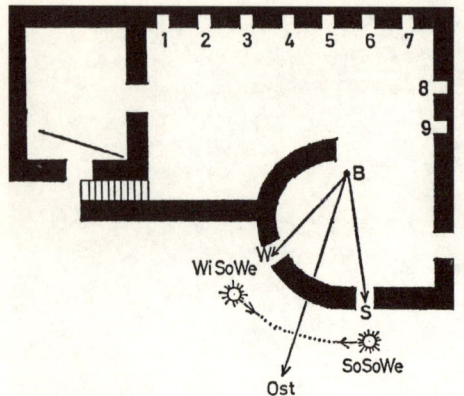

Abb. 11: Der Turm als
Sonnenobservatorium
interpretiert

reren Stellen abgeflacht, wahrscheinlich damit dort Trank- oder
Speiseopfer niedergelegt werden konnten.

Der Turm öffnet sich nach Südosten und Südwesten mit zwei
trapezförmigen Fenstern. Sie haben lichte Öffnungen von 80 mal
50 beziehungsweise 40 Zentimeter und sind damit recht groß.
Daher geben sie einen guten Ausblick auf die hangabwärts vorgelagerten Stadtteile und lassen zugleich das ganze Jahr über die
Morgensonne den Felsen im Innern ausleuchten.

Die sorgfältig gearbeiteten Außenmauern des Gevierts, das
direkt an den Turm anschließt, weisen an den Innenwänden
neun geräumige Nischen auf (Abb. 11). Daher rührt die Bezeichnung «Nischenhalle», die der deutsche Archäologe Heinrich Ubbelohde-Doering ihr gegeben hat.

Die Höhle unter dem Turm. In die Höhle unter dem Felsen, die
immerhin eine Höhe von 1,67 Meter hat, so daß ein einheimi-
scher Indianer dort aufrecht stehen kann, sind Mauern einge-
zogen. Auch sie weisen, ähnlich dem Geviert darüber, Nischen
auf. An ihnen sind, wie bei den Fenstern im Turm darüber, dicke
Zapfen angebracht. Eine naheliegende Deutung dieser Zapfen
ist, daß man daran Vorhänge befestigte, mittels deren die in den
Nischen aufgestellten Mumienbündel der verstorbenen Ahnen
vor unbefugten Blicken geschützt wurden.

Nischenhalle, Turm, Fels und Höhle bilden eine Einheit. Sie waren sicher einer der Kultmittelpunkte der Stadt und als solcher gewiß nicht für jedermann zugänglich. Darauf weisen nicht nur die Außenmauern an drei Seiten der Gesamtgruppe hin, sondern besonders eindrücklich die schon genannte Verschlußvorrichtung am einzigen Eingang zum Innersten dieses Ensembles. Solche und weitere indirekte Beobachtungen geben dem Architekturhistoriker Hinweise auf die ehemalige Nutzung und Funktion von Bauwerken und Räumen. Vereinfachend gesprochen gilt: Je leichter zugänglich eine Zone, desto öffentlicher, und je abgeschlossener, desto privater oder privilegierter war ihre Nutzung. Beim Ensemble des Turms ist also ganz offensichtlich nur ein Zugang der privilegierten Personen beabsichtigt gewesen. Die Höhle diente, wie schon angedeutet, vielleicht als letzte Ruhestätte der Ahnen. Die Halle darüber war für Feste vorgesehen, zu denen die Mumien aus der Höhle heraufgebracht und in die Nischen der Halle gestellt wurden, so daß auch sie an der Feier teilnehmen konnten. Auf dem Felsen im Turm durften dann während der Zeremonien Opfer niedergelegt werden. So ähnlich feierte man in *Qusqu* die großen Feste unter Beteiligung der Mumien der *Inka*, die im *Quri Kancha*-Tempel aufgestellt waren und dort rituell verehrt wurden.

Ob dem Turm-Ensemble auch eine astronomische Funktion zukam, indem die zwei Fenster im Turm der Beobachtung des Sonnenaufganges dienten und dadurch die Sonnenwendpunkte festgestellt werden konnten (Abb. 11), wie der deutsche Astronom Rolf Müller vor langer Zeit vermutete, ist zweifelhaft. Jedenfalls ist der Beobachtungspunkt nicht besonders gekennzeichnet, den ein *Inka*-Astronom hätte einnehmen müssen, um diese Beobachtungen durch die Fenster durchzuführen. Trotz der Unsicherheit darüber, ob hier Sonnenbeobachtungen stattfanden, wird der Turm auch in der neueren Literatur immer wieder «Sonnentempel» genannt.

3. Das Haus des *Inka* (*Inka Wasi*)

Dem Turm gegenüber, von ihm lediglich durch die Haupttreppe getrennt, liegt eine ebenfalls nur kleine Gruppe von zwölf Gebäuden, die den hochtrabenden Namen «Haus des *Inka*» (*Inka Wasi*) erhalten hat (Abb. 12). Im Gegensatz zu den bisher geschilderten ist sie nach allen Seiten hin offen und frei zugänglich, was allein schon gegen die Nutzung durch den *Inka* spricht. Von der zentralen Gruppe trennt sie die Haupttreppe. Bergauf begrenzen sie Terrassen und ein weitgehend natürlich belassener Felskopf, bei dem nur ein kleines vereinzeltes Häuschen steht. Hangabwärts schließt sich eine mit ihrer hohen Stützmauer ebenfalls als Gartenterrasse gedeutete Freifläche an. Nach Nordwesten grenzt sie an eine Treppe, auf deren anderer Seite das gestufte Brachland liegt, das die Oberstadt von der Unterstadt trennt. Diese Seite ist durch Außenmauern dahinter liegender Gebäude die einzige ganz geschlossene des «Haus des *Inka*»-Bezirkes.

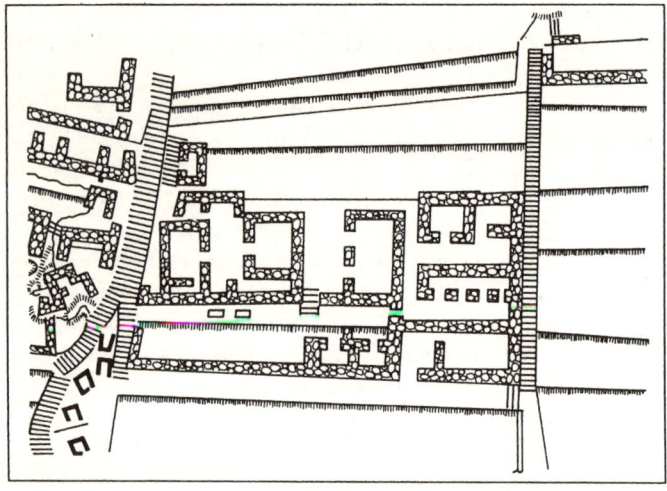

Abb. 12: Das Haus des *Inka* (*Inka Wasi*)

Ob ihre zentrale Lage oder die Qualität und Größe ihrer Bauwerke (einige Häuser sind zweistöckig) zu der Spekulation geführt hat, daß es «das Haus des *Inka*» sei, ist unwesentlich, da diese und viele andere Deutungen allein dem Wunschdenken interessierter Kreise entspringen. Zentralität und Freistellung sind aber immerhin beachtenswerte Merkmale, die gewiß etwas von dem ehemaligen Zweck widerspiegeln. Das Problem der Deutung ist hier, wie fast überall in *Machu Picchu*, daß außer den nackten Steinmauern keine Reste menschlicher Anwesenheit gefunden wurden, die auf die ehemalige Nutzung schließen lassen.

4. Der Heilige Platz (*Inti Kancha*)

Als «Heiligen Platz» (Abb. 13) hat der Entdecker Bingham mit beachtlicher Intuition ein Ensemble bezeichnet, das man vom Stadttor aus auf direktem Weg erreicht. Es wird von drei um ihn herum aus feinst behauenem Mauerwerk errichteten Gebäuden eingefaßt. Im Vergleich zur Stadtmauer ist das Mauerwerk hier einen Grad sorgfältiger bearbeitet. Es zeichnet sich durch fast fugenlos in gutem Mauerverband gefügte Quader aus, mit gelegentlich größeren unregelmäßigen, aber ebenso genau verfugten Steinen dazwischen. Für dieses Mauerwerk höchster Qualität sind die *Inka* berühmt.

Die Südwest-Seite des Heiligen Platzes ist unbebaut. Das dort steil abfallende Terrain bildet mit seinen Terrassen einen natürlichen Abschluß. Die Bauwerke an den übrigen drei Seiten werden, nach Binghams Interpretation, als der «Haupttempel» mit dahinter befindlichem «Kapitelsaal» im Nordwesten, als «Tempel der drei Fenster» im Nordosten und als «Palast des Hohen Priesters» (*Willaq Umu Wasi*) im Südosten bezeichnet. Wenn wir auch Binghams mit diesen Bezeichnungen verbundenen Spekulationen nicht folgen, ist es dennoch gut vorstellbar, daß hier die Verantwortlichen für den Sonnenkult und die Sonnenbeobachtung am *Inti Watana*, das gleich dahinter anschließt, wohnten, ihren Geschäften nachgingen und auf dem Platz Feiern beaufsichtigten. Auf alle Fälle ist die Qualität und Mas-

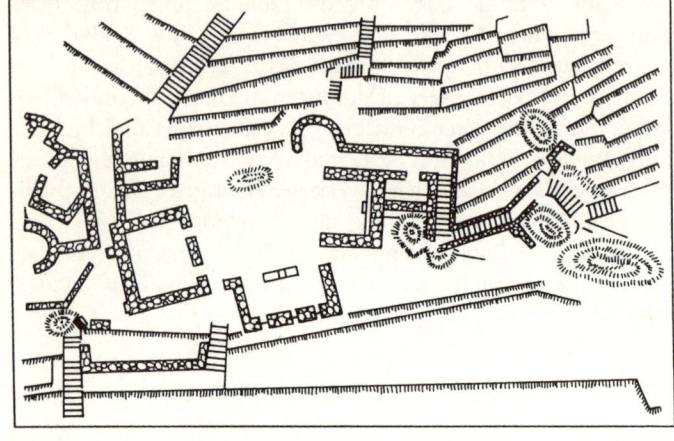

Abb. 13: Der Heilige Platz (*Inti Kancha*)

sivität des Steinmauerwerkes dieser Gebäudegruppe um den kleinen Platz einzigartig in *Machu Picchu*.

Verschiedene Autoren, darunter vor allem der kenntnisreiche nordamerikanische Ingenieur Kenneth Wright, erkennen Zeichen, daß dieses Ensemble baulich nie vollendet wurde. Manche solcher Annahmen beruhen jedoch wahrscheinlich auf der falschen Deutung einseitig offener Gebäude als unfertig und treffen daher nicht zu, während andere durchaus erwägenswert sind.

Haupttempel und Kapitelsaal (*Karpa Wasi*). Der Haupttempel weist in seiner Südost-Mauer einen breiten Spalt auf, weil der Untergrund nachgegeben hat und so ein Teil der Mauer, in Schräglage geraten und abgesackt ist. Er wurde nur auf drei Seiten gemauert; die Breitseite zum Platz hin blieb offen. Das ist ein in *Inka*-Städten beliebter Gebäudetyp, der sich auch in *Machu Picchu* mehrfach findet. In der Fachliteratur wird er mit dem Quechua-Namen *masma* bezeichnet. An der Rückwand weist der Haupttempel eine massive Steinbank auf, die aufgrund ihrer Höhe und Zentralität und weil sie nicht die ganze

Mauerlänge ausnutzt, als Altar gedeutet wird. Hoch in den drei Mauern sind hier insgesamt 17 Nischen eingelassen.

Direkt an die Hinterwand des Haupttempels angebaut und mit seiner einzigen Tür nach Südwest ausgerichtet, steht ein wesentlich kleineres Gebäude, das die Forschung im Zusammenhang mit dem Haupttempel «Kapitelsaal» genannt hat. Damit soll keineswegs die Struktur einer christlichen Glaubensgemeinschaft suggeriert werden. Gemeint ist nur, daß man annimmt, hier könnten vielleicht die Priester des Haupttempels gewohnt und ihre internen Besprechungen abgehalten haben. Doch auch das ist wiederum eine unbeweisbare Vermutung, denn es sind keine Funde gemacht worden, die irgendeine genauere Deutung ermöglichen, wie diese Gebäude genutzt wurden, was ich immer wieder betonen muß.

Tempel der drei Fenster. Auch der «Tempel der drei Fenster» ist ein *masma*-Gebäude. Die offene Bauweise wird hier besonders deutlich. Es finden sich nämlich nicht nur die auf die offene Seite weisenden Höhlungen in den beiden seitlichen Mauern, die dem massiven Querbalken der Vorderfront, auf dem das Dach ruhte, Halt verleihen sollten, sondern in der Mitte der zu überspannenden Strecke ist noch eine monolithische Stütze errichtet; denn die Spannweite dieser mauerlosen Seite ist zu groß, als daß sie ein sei es auch noch so starker Holzbalken ohne Stütze überbrücken könnte. Wie beim Haupttempel ist die Breitseite zum Platz also ohne Wand konzipiert gewesen. Der heutige Besucher muß sich nur das Giebeldach darüber dazudenken, um das Gebäude vollständig vor seinem inneren Auge erscheinen zu lassen. Für seine mögliche Nutzung gilt im wesentlichen dasselbe wie für den Haupttempel, außer daß bei diesem Gebäude in die rückwärtige Wand drei Fenster und zwei Nischen eingefügt wurden und infolgedessen dort keine Bank angebracht ist.

Da dieser Tempel nach seinen drei Fensteröffnungen benannt ist und er uns deswegen in einem späteren Kapitel noch beschäftigen wird, sei hier etwas zu Fenstern, Nischen und Türen in *Inka*-Gebäuden ausgeführt. Fenster und Nischen sind, wie

meist in der *Inka*-Architektur, auch in *Machu Picchu* trapez-
förmig im Aufriß. Das heißt, sie haben zwar allseitig Kanten,
sind unten aber breiter geöffnet als oben. Diese eigenartige
Proportion weisen auch die meisten Tore und Türen auf. Die
Standardisierung geht sogar so weit, daß die Maßverhältnisse
und die absoluten Maße gleichartiger Öffnungen nicht selten
identisch sind. Eine Tür ist dann lediglich doppelt bis dreimal
so hoch wie eine Nische und hat daher an ihrem Fuß eine wesentlich größere Öffnung als eine Nische oder ein Fenster. Die
Einheitlichkeit der Maße erlaubte es den *Inka*-Baumeistern,
während der Arbeit ohne Schwierigkeiten geplante Türen zu
Fenstern oder Fenster zu Nischen umzubauen, indem einfach
der untere oder hintere Teil der Trapezöffnung entsprechend
mit Mauersteinen verschlossen wurde. Das kann man auch am
«Tempel der drei Fenster» beobachten, wo die ursprünglich geplanten beiden Seitenfenster später geschlossen wurden, so daß
von eigentlich fünf vorgesehenen nur drei Fenster übrigblieben.
Bei solch weitgehender Standardisierung kann man vermuten,
daß *Inka*-Baumeister feste absolute Maßeinheiten hatten. Der
schon genannte Astronom Rolf Müller meint als Grundmaß
eine Einheit von etwas über sieben Zentimetern erschließen zu
können.

Die rückwärtige Wand des «Tempels der drei Fenster» ist
nach Nordwesten über das eigentliche Gebäude hinaus weiter-
gezogen, so daß der Heilige Platz mit seinen Gebäuden talseitig
vollständig durch Mauern abgeschlossen ist.

Tempel des Hohen Priesters (Willaq Umu Wasi). Auch hier
ist der Name des Gebäudes, *Willaq Umu Wasi*, den ihm Forscher gegeben haben und der «Tempel des Hohen Priesters»
bedeutet, spekulativ. Von den drei Hauptgebäuden am Heiligen Platz wurde nur dieser Tempel allseitig geschlossen, allerdings ist auch er vom Hof aus gut einsehbar, da er sich in diese
Richtung durch drei breite Türen öffnet. Seine Innenwände
sind mit den üblichen trapezförmigen Nischen ausgestattet. An
seiner rückwärtigen Wand weist er eine durchlaufende Bank
auf, in die hinten eine Wasserablaufrinne eingetieft ist, so daß

bei starkem Regen das innen an der Mauer herabfließende Wasser aufgefangen und abgeleitet wird und die Bank selbst trocken bleibt.

5. Die Sonnenwarte (*Inti Watana*)

Den höchsten Punkt der Stadt, die Sonnenwarte (*Inti Watana*), erreicht man vom Heiligen Platz aus, indem man durch einen von hohen Mauern begrenzten engen Korridor linker Hand des Haupttempels geht. Der Weg biegt an der Außenmauer des Kapitelsaals scharf nach rechts und mündet dort in eine breite Treppenflucht aus 78 monolithischen Schwellen. Auch dieser sich mehrfach windende Wegabschnitt ist sorgfältig von Mauern eingefaßt. An seinem Ende erreicht man zunächst die Eingangshalle zum Ensemble des *Inti Watana*. Letzteres besteht aus einer ungleichmäßigen mehreckigen Plattform auf zwei Niveaus, deren Felsuntergrund eingeebnet wurde. Auf ihrer oberen Hälfte ist mittig ein abgeflachter zwei Meter hoher Felskopf zu einem massigen Quader gehauen. Man kann ihn über eine aus ihm herausgemeißelte kurze Treppe besteigen (Abb. 14). Dort erhebt er sich in der Mitte als vierkantig geschlagener länglicher Stein, der noch einmal 66 Zentimeter senkrecht in den Himmel ragt. Dieser Felssporn ist das eigentliche *Inti Watana*. Wie schon gesagt, ist dies die höchstgelegene Baugruppe der Stadt. Überragt wird sie in unmittelbarer Nähe nur durch den *Uñu Picchu*, einen kleinen Felsgipfel nordwestlich von ihr. Seine Form und Größe gibt uns eine Vorstellung davon, welche Felsmassen die *Inka*-Stadtbaumeister zur Nivellierung des *Inti Watana*-Plateaus haben abtragen lassen.

Die Sonnenwarte ist nicht nur das erhabenste Bauwerk der ganzen Stadt mit einem allseitig freien Blick auf die spektakuläre Bergkulisse, sondern durch ihre erhöhte Lage und den nur indirekten Zugang auch vor unbefugtem Zutritt geschützt. An der stadtabgewandten Seite der *Inti Watana*-Kuppe wurde der Berghang, bevor er jäh ins *Uru Pampa*-Tal abfällt, mit sieben Terrassen gestaltet, während die stadtzugewandte Seite teilweise naturbelassen ist.

Abb. 14: Die Sonnenwarte
(*Inti Watana*)

Solche dem Felsen abgerungenen nach oben weisenden Steine, wie das *Inti Watana* von *Machu Picchu,* gibt es an verschiedenen *Inka*-Stätten, z. B. in *Pisaq.* Der kolonialzeitliche Chronist Francisco de Montesinos erläutert in seinem 1642 verfaß-
ten Buch «Anales del Perú»: «Die Intiwatana waren eine Art
Schattenuhren, mit Hilfe derer man feststellte, welche Tage lang
und welche kurz waren und wann die Sonne sich den Wende-
kreisen zuwandte.» Aus der lotrecht aufragenden Form und der
freien Lage des Felsgebildes in *Machu Picchu* hat man schon
früh geschlossen, daß es sich auch hier um eine solche «Sonnenfessel», dies die wörtliche Übersetzung, handelt. Doch darf man
nicht im Umkehrschluß alle heute als *Inti Watana* bezeichneten
Felsskulpturen so deuten. Darauf hat schon 1908 Max Uhle
hingewiesen, doch blieb seine Mahnung weitgehend wirkungs-
los. Offensichtlich wird das Wort gegenwärtig auf verschiedene,
in ihrer Funktion nicht mehr verstandene altindianische Felsskulpturen angewandt. Und so heißt auch eine Felsskulptur im
Uru Pampa-Tal etwas flußabwärts von *Machu Picchu Inti Watana.* Der Astronom Rolf Müller hat sie um 1930 vermessen

und konnte an ihr nichts finden, was auf Sonnenbeobachtung hinweist.

Schattenwerfer gibt es überall auf der Welt, man nennt sie in der Archäoastronomie Gnomon (Plural: Gnoma). Mit dem Gnomon in *Machu Picchu* kann man, aufgrund seiner vierkantigen Ausführung, gut den Zenitdurchgang der Sonne beobachten: Es handelt sich um den Tag, an dem der Steinzeiger keinen Schatten wirft. Nach wiederholten Beobachtungen und gleichzeitiger Zählung der Tage, die seit dem letzten Zenitdurchgang verstrichen sind, läßt sich die Länge des Sonnenjahres tagesgenau bestimmen. Durch die Form des Schattenwurfs können außerdem ausgezeichnete Tage im Sonnenjahr, zum Beispiel die Sonnenwendtage, erkannt werden. Es ist also möglich, daß auf diesem erhabenen Platz in *Machu Picchu* mittels des Felssporns verschiedene Sonnenbeobachtungen durchgeführt wurden.

Was in Anbetracht ähnlicher Einrichtungen in altweltlichen Kulturen wie Alt-Ägypten, China, Indien und Babylon verwundert, ist die Mühe, die sich die *Inka* damit machten, den Fels in die gewünschte schlanke, senkrechte Gestalt zu bringen, während das Aufstellen eines separat zugeschlagenen Steins, wie der Obelisken in Alt-Ägypten, oder gar die Verwendung eines Holz- oder Metallstabes, wie in China, sehr viel einfacher gewesen wäre und Nachkorrekturen sowie vor allem genauere Beobachtungen erlaubt hätten. Außerdem haben die *Inka* den naheliegenden Schritt vom Gnomon zur Sonnenuhr nicht vollzogen. Dafür hätten Markierungen in den Fels, der den Zeiger umgibt, eingeritzt werden müssen.

Ich vermute, daß für die *Inka* der Hauptzweck des *Inti Watana* die Bestimmung des Sonnenjahres als eines Ganzen und vielleicht einiger wichtiger Stationen in ihm war. Hinzu kam eine mythisch motivierte Reverenz an die Einheit der Natur, die sie darin ausdrückte, daß ihr Gnomon innigsten Kontakt zur Erde bewahrte: Es wurde nicht losgelöst von ihr hergestellt oder aufgestellt, sondern aus dem nackten Fels gehauen. Aber auch die noch zurückhaltendere These, daß es nur ein Kultplatz war und nicht der Beobachtung des Sonnenstandes diente, ist vor dem

Hintergrund der von Max Uhle untersuchten vergleichbaren Anlagen erwägenswert.

Hier oben steht auch eine von drei pfeilartigen Steinskulpturen, die alle auf den in 20 Kilometer Luftlinie Entfernung aufragenden *Salqantay*-Berg weisen. Mit seinen 6260 Metern ist er der höchste Berg der Region und überragt die Täler des *Apu Rimaq* und des *Uru Pampa* um 4000 Meter. Auch die eher unscheinbaren Pfeilfelsen sind Hinweise auf die Bedeutung der Erde und ihrer mächtigsten Erscheinungen, der Berge, die das religiöse Weltbild und den Kult der *Inka* prägten.

6. Der Große Platz (*Inti Pampa*) und die Zweiteilung der Stadt

Die Stadt wird mittig durch eine große unbebaute, gestufte Fläche geteilt, die ich den Großen Platz nenne, während andere Autoren von *Inti Pampa*, «Platz der Sonne», sprechen. An seiner Süd- und Westseite liegt die höher gelegene Oberstadt, die wir bisher kennengelernt haben. Sie bietet nur wenig Raum für Wohn- und Nutzbauten, bevor sie jäh ins *Uru Pampa*-Tal abstürzt, wo hinab ein steiler Pfad führt. In dieser Oberstadt befinden sich die meisten religiösen und kultischen Gebäude. Auf der gegenüberliegenden Seite des Großen Platzes, der talseitigen Hälfte der Stadt, ist mehr Raum verfügbar, und folglich finden sich dort die Mehrheit der Wohnhäuser und Totenhöhlen.

In der Mitte einer der gestuften Freiflächen des Großen Platzes stand früher ein menhirartiger Monolith mit eingemeißelter Schlange. Peruanische Archäologen haben ihn weggeschafft, ohne seinen Standort zu markieren oder eine Replik aufzustellen. In der Rekonstruktionszeichnung des peruanischen Künstlers Luis Ccosi Salas (Abb. 15) ist er hinzugefügt. Gewiß handelte es sich um ein bedeutendes Denkmal, denn seine zentrale Lage und die bildhauerische Ausführung lassen an das Prinzip des altgriechischen *Omphalos*, also des Weltmittelpunkts im Kultzentrum von Delphi, denken oder auch an zentrale Brunnen und Statuen der Stadtgründer und -patrone in europäischen Städten des Mittelalters.

Abb. 15: Der große Platz

Die visuell wahrnehmbare Trennung in zwei Hälften, wobei die eine höher liegt als die andere, gehört zur baulichen Umsetzung des politischen und gesellschaftlichen Weltbildes der *Inka*. Sie selbst haben diese Zweiteilung in ihrer Hauptstadt *Qusqu* verwirklicht und streng mit Wohnregeln verknüpft, wie wir in Abschnitt II.2 gesehen haben. Die obere Hälfte heißt *hanan*, «oben», die untere *hurin*, «unten». Wie bei uns ist auch bei den *Inka* die obere Hälfte von höherem Rang als die untere. Obwohl diese Zweiteilung in *Machu Picchu* anders gelöst wurde als in *Qusqu*, wo nur ein Straßenzug die Hälften trennt, nämlich mittels einer großen Freifläche, ist sie als solche doch ein starkes Indiz, daß auch hier in *Machu Picchu* die planerischen Vorstellungen *Pacha Kutiqs*, der als Erbauer des geteilten *Qusqu* gilt, verwirklicht wurden.

Ob zur Zeit der Besiedelung der Große Platz tatsächlich ein öffentlicher Freiraum war, ist nicht sicher. Die ausgedehnten Flächen hätte man zum Anbau von Obst, Gemüse oder schattenspendenden Bäumen und dergleichen nutzen können, ohne daß dadurch das Prinzip der Zweiteilung der Stadt gestört worden wäre.

7. Die Unterstadt (*Hurin Machu Picchu*)

Die Unterstadt, *Hurin*, ist der größere bebaute Teil *Machu Picchus* und zugleich der, auf dem sich überwiegend Gebäude befinden, die Wohn- und Arbeitszwecken dienten (Abb. 16). Aber auch die Unterstadt teilt sich in Bezirke, die durch Mauern abgeschlossen oder durch Treppen bzw. Terrassen voneinander abgegrenzt sind.

Von Südosten nach Nordwesten fortschreitend sind es: zwei kleine Bezirke, die in der Literatur zusammenfassend «Untere Gruppe» genannt werden, weil sie scheinbar der unterste Teil der Hauptgruppe von *Hanan Machu Picchu* sind. In Wirklichkeit gehören sie aber zur Unterstadt, also zu *Hurin Machu Picchu*. Nordwestlich von ihnen folgt eine kleine, chaotisch anmutende Gruppe, «Labyrinth» genannt. An sie schließen sich weiter im

Abb. 16: Die Unterstadt:
Rechts im Vordergrund das Labyrinth, dahinter die Gruppen
Puka Marka und *Aklla Wasi*; links vorne die Turm-Gruppe

Nordwesten hintereinander die größten Wohnviertel *Machu Picchu* an, nämlich *Puka Marka* und *Aklla Wasi*. Eine abschließende Gruppe der Unterstadt um den Felsen der *Pacha Mama* im äußersten Nordwesten vervollständigt unser Bild. Dieser letzte Sektor vermittelt allerdings einen nur vorläufigen Eindruck – es scheint, als sollte hier die Bebauung noch erweitert werden.

Untere Gruppe. Die beiden jeweils acht Gebäude umfassenden kleinen Zonen des auch von mir mangels einer besseren Bezeichnung «Untere Gruppe» genannten südöstlichsten Bezirks der Unterstadt werden wegen der weniger sorgfältigen Bauweise ihrer Steinhäuser als Wohnsitze ärmerer Bewohner gedeutet (Abb. 17). In ihrer lockeren Bebauung kontrastieren sie mit der hangaufwärts jenseits eines schmalen, unbebauten Streifens liegenden zentralen Gruppe. Noch mehr als jene profitiert dieser Bezirk von der Wasserführung des Kanals mit seinen Brunnen; vor allem weil dieser mitten durch ihn hindurchführt,

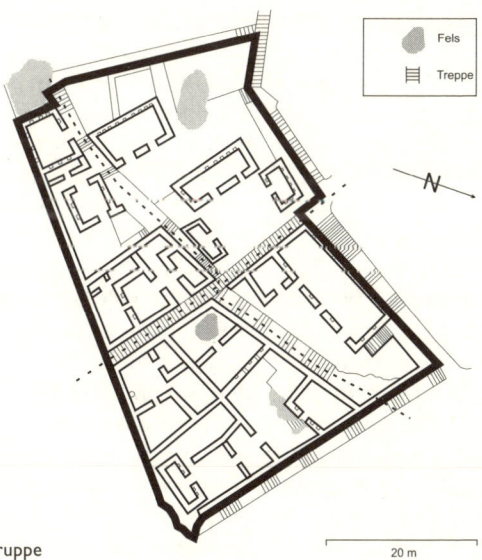

Abb. 17: Die untere Gruppe   20 m

um dann jenseits der Stadtmauer in den großen Trockengraben zu münden.

Außer den üblichen Treppen und Korridoren finden sich in dieser Gruppe keine Sonderbauten, was ebenfalls für eine einfache und homogene Wohnbevölkerung spricht. Merkwürdig erscheinen vor dem Hintergrund der dezentralen Lage, der geringen Häuserzahl und der bescheidenen Qualität des Quartiers die vielen breiten Treppenfluchten, die beide Zonen umgeben und kreuzweise durchschneiden.

Labyrinth (Chinkana). Das Labyrinth ist von seiner bescheidenen Grundfläche her gesehen und mit nur etwa acht kleinen Gebäuden die kleinste Gruppe in *Machu Picchu*. Seine eigenartige Dreiecksform und die willkürlich anmutende Anordnung der Gebäude, Treppen und Mauern machen es zu einem einzigartigen Ensemble. Der ihm in der Literatur verpaßte Name *Chinkana* (Labyrinth) verdeutlicht den chaotischen Eindruck.

Die Begrenzung dieser Gruppe stellt hangaufwärts eine durchgehende Mauer dar, die dem darüber gelegenen Großen Platz seinen Abschluß verleiht. Hangabwärts ist es der jähe Felsabsturz, der zunächst durch Terrassen gemildert wird, unterhalb derer viele Höhlen für Bestattungen genutzt wurden. Sie gehören also funktional noch zu diesem Ensemble. Ähnliche Höhlen finden sich auch in den Steilhängen, die hinter den nächsten beiden Gruppen abfallen.

Auch in dieser Gruppe gibt es einen naturbelassenen Felskopf, ferner eine aus Mauerwerk und anstehendem Fels einen Kondor nachbildende Großskulptur. Ob diese Bildwirkung ursprünglich beabsichtigt war, ist allerdings ungewiß. Funktional handelt es sich zunächst nur um zwei etwa symmetrisch auf Felsuntergrund hochgezogene Gebäude, die einander gegenüberstehen. Ferner finden sich im Labyrinth unterirdische Kammern, die zunächst als Gefängnisse gedeutet wurden, aber wohl eher Sippenbegräbnisstätten waren. Daher kommen die anderen phantasievollen, aber unzutreffenden Namen, die diese Gruppe erhalten hat, nämlich *Sanka Kancha* und *Piñas Wasi*, beide mit der Bedeutung «Gefängnis».

Durch die Verschiedenartigkeit ihrer Bauten, ihre merkwürdige Form und ihre chaotische Zusammenstellung einzigartig in *Machu Picchu*, ist diese kleine Gruppe eine der Lieblingskultstätten moderner Esoterik-Touristen geworden.

Puka Marka. *Puka Marka*, mit etwa 30 Gebäuden eine der großen Gruppen in *Machu Picchu* (Abb. 18), ist zugleich diejenige, die mit der Bebauung am weitesten den Hang abwärts vorstößt. Für Stadtbewohner ist sie von der Treppenflucht zwischen ihr und dem Labyrinth-Ensemble durch ein mit monolithischem Doppelrahmen besonders markant ausgeführtes Tor in ihrer Umfassungsmauer zugänglich. An allen anderen Seiten umschließen sie hohe Mauern fast vollkommen. Nur die Begrenzung zur nordwestlich benachbarten *Aklla Wasi*-Gruppe ist relativ offen. Ihre Nordost-Ecke stellt zugleich den erhabensten Bereich der Gruppe dar und den mit einem Häusergeviert um

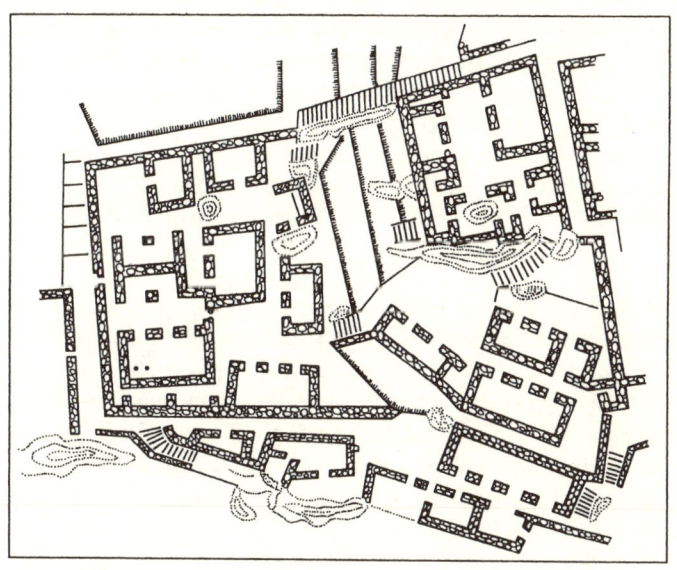

Abb. 18: *Puka Marka*

einen Innenhof am repräsentativsten gestalteten. Man erreicht *Puka Marka* aber auch direkt vom Tal des *Uru Pampa* aus über einen in Stufen ansteigenden Pfad, der in die schmale und steile Terrassenzone an ihrem unteren Rand mündet.

In einem der Innenhöfe ihrer hallenartigen größeren Gebäude im Südost-Teil hat man zwei große, aus dem anstehenden Fels gehauene, kreisförmige Becken von etwa 30 Zentimeter Querschnitt und 15 Zentimeter Tiefe gefunden, die zweifelsohne praktischen Zwecken dienten, nur welchen, ist unklar. Je nachdem, was man als Hauptbeschäftigung der hier Wohnenden annimmt, wird vorgeschlagen, daß sie als Wasserbecken dem Färben von *Llama*-Wolle dienten oder als Mörser zum Zerstampfen von Körner-Nahrung bzw. Kartoffeln. Die Deutung als Färbebecken hat der Gruppe ihren Namen verliehen, denn *Puka Marka* heißt «Rotes Viertel». Sie läßt daran denken, daß manche Forscher, wie ich in Abschnitt IV.5 genauer ausführen werde, darüber spekulieren, daß die aus *Qusqu* vertriebenen Sonnenjungfrauen in *Machu Picchu* Zuflucht fanden. Da dieser klösterlichen Frauengemeinschaft unter anderem die Herstellung von Stoffen für den Hofstaat des *Inka* oblag, scheint das Vorhandensein von zwei «Färbebecken» nur konsequent. Doch ist die Interpretation der beiden Becken als Färbebecken recht unwahrscheinlich, da sie sich fernab der Wasserleitungen und der Brunnen befinden. Es ist also am wahrscheinlichsten, daß es sich um eine Vorrichtung zum Zerstampfen von Kartoffeln als Vorstufe der *ch'uñu*-Konserve handelt.

Aklla Wasi. Das *Aklla Wasi* genannte Ensemble grenzt direkt nordwestlich an die Gruppe *Puka Marka* und ist nur wenig kleiner als jene. Es hat den Vorteil, auf noch einigermaßen ebenem Terrain erbaut zu sein, und weist daher streng geometrisch angeordnete großzügige Bauzonen mit geräumigen Einzelhäusern auf. Einräumige Gebäude mit drei Eingängen an der Breitseite, die auf rechteckige Innenhöfe ausgerichtet sind, sind die Grundstruktur der Wohnbebauung.

Die oberste ihrer Zonen grenzt an den Großen Platz (Abb. 19). Sie weist drei durch schützende Vorbauten abgesicherte Ein-

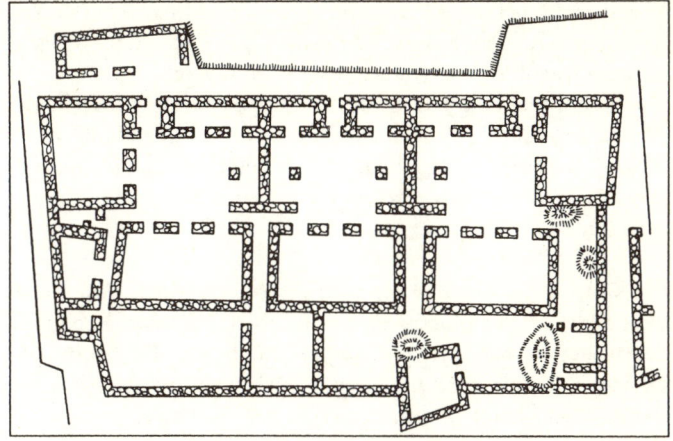

Abb. 19: Die obere Zone der *Aklla-Wasi*-Gruppe

gänge auf, die zugleich die Hauptzugänge zur gesamten Gruppe sind. Mit ihren drei Hofgruppen verfügt diese Zone allein schon über dreizehn geräumige Gebäude und drei große Innenhöfe.

Hangabwärts schließt sich eine der bemerkenswertesten Wohngruppen am Ort an, nämlich sechs auf drei Terrassen paarweise angeordnete zweistöckige Häuser mit den üblichen steilen Giebeldächern. Diese sind hier besonders gut erhalten, weil die Giebel ganz aus Stein aufgemauert wurden. Außer der aus ihnen ableitbaren Dachschräge, die etwa der von unseren traditionellen Giebeldachhäusern entspricht und damit für einen guten Abfluß des Regenwassers sorgt, geben Zapfenlöcher für Querbalken und steinerne Zapfen im oberen Bereich der Mauern zum Vertäuen des Dachgebälks einen ziemlich genauen Einblick in die ehemalige Dachkonstruktion, die für den Besucher nachgebaut worden ist. Einzig die Dicke der Bedeckung mit *ichhu*-Gras und die Kragweite der Traufen sind in den modernen Rekonstruktionen etwas zu bescheiden ausgefallen.

Die *Aklla Wasi*-Gruppe weist noch drei weitere Zonen auf und kommt damit auf die stattliche Zahl von insgesamt etwa 45 Gebäuden, alles reine Wohn- und Nutzbauten. Sie schließt bergab mit einer steilen Terrassenzone ab und hat über sie Zugang zum Treppenpfad ins *Uru Pampa*-Tal, der in dem benachbarten Ensemble *Puka Marka* seinen Anfang hat.

Obwohl nichts konkret auf den Personenkreis hinweist, der hier ursprünglich sein Zuhause hatte, wurde der Name *Aklla Wasi* dieser Gruppe gegeben, um zu suggerieren, daß dies der Wohnbereich der aus *Qusqu* vertriebenen Sonnenjungfrauen gewesen sei.

Die Gruppe der Pacha Mama (Pacha Mama Wasi). Am Nordwest-Ende *Hurin Machu Picchus,* von der dichten Bebauung der bisher beschriebenen Gruppen durch eine Freifläche von 70 Meter Länge getrennt, befindet sich eine drei Meter hohe, sieben Meter lange und nur einen Meter dünne Felsplatte, welche die Silhouette des hinter ihr am Horizont sich abzeichnenden *Yanantin*-Berges nachbildet. Dieser Felskopf soll den in der Ferne liegenden Berg für kultische Zwecke in Reichweite der Gläubigen holen. Den Felskopf hat man mit einem niedrigen Steinsockel eingefaßt. Ihn flankierend, etwas hangaufwärts zurückgesetzt, stehen zwei Häuser, die sich am Rande eines kleinen Platzes gegenüberstehen und dem *masma*-Typ angehören, wie wir ihn am Heiligen Platz kennengelernt haben (Abb. 20). In der wiederholten Verbindung dieses vorne offenen Haustyps mit einem Platz erkennen wir seinen Zweck als Unterstand, um Versammlungen zu überwachen oder um in ihnen einer größeren Anzahl von Menschen religiöse Vorführungen zu bieten. In der Kolonialzeit haben spanische Missionare, gewiß ohne die *inkaischen masma*-Häuser als Vorbild zu nehmen, mit ihren offenen Kapellen eine ganz ähnliche Lösung für den christlichen Gottesdienst gefunden. Wahrscheinlich hängen die beiden Häuser und der Platz dieser Gruppe also mit der kultischen Verehrung des Felsens zusammen. Das Ensemble wird im Schrifttum *Pacha Mama Wasi*, «Haus der Erdmutter», genannt.

Zwischen dieser Zone und dem Kern der Unterstadt befindet sich eine durch Planierung und Terrassierung zur Bebauung vorbereitete Fläche von 60 mal 20 Metern. Sie weist eine seitliche

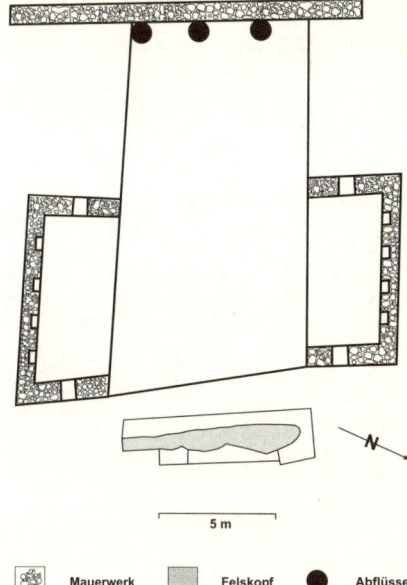

Abb. 20: Die Gruppe
der *Pacha Mama*

Mauerwerk   Felskopf   Abflüsse

5 m

Rampe auf, wie sie während des Baus der massiven Steinhäuser
stets zum Antransport der Mauersteine diente. Da die hier geplanten Gebäude vor der Aufgabe *Machu Picchus* noch nicht
errichtet waren, ist die Rampe erhalten, die sonst nach Ende der
Bauarbeiten wieder abgetragen worden wäre. Ähnliche Rampen
kennt die Archäologie weltweit bei monumentaler Steinarchi-
tektur vor der Epoche der Erfindung des Flaschenzuges und
anderer, komplizierterer mechanischer Hebevorrichtungen.

8. Die Wasserversorgung

Knapp 800 Meter von der Stadt entfernt, am Hang des *Machu
Picchu*, der sich dort allmählich verbreitert, von wo aus eine
alte *Inka*-Straße in die Stadt führt, entspringen zwei Quellen.
Die *Inka* haben sie eingefaßt und ihr Wasser in einem kleinen
Kanal am Hang entlang in die Stadt geführt. Die Verfügbarkeit

Abb. 21: Feldscheunen
in der großen Terrassenzone

des Quellwassers war sicherlich ein ausschlaggebender Grund,
gerade hier eine Stadt anzulegen. Zunächst quert der Kanal
die Terrassenfelder, einer ihrer Stützmauern folgend (Abb. 21,
oberhalb der Häuser, den Hang querend). In die eigentliche
Stadt wird er durch eine Öffnung in der Stadtmauer geführt,
nachdem er den Trockengraben auf einem Aquädukt überwunden hat. In der Stadt mündet der Kanal bei der Haupttreppe in eine Staffel von 16 rechteckigen Wasserbecken (Abb. 22),
die der von der Oberstadt in die Unterstadt führenden Treppe
folgt. Diese Becken sind meist aus dem anstehenden Fels gehau-
en und von einer kleinen Steinumfriedung eingefaßt. Ihre Wände weisen eine oder zwei Nischen auf, in denen man bequem
etwas abstellen kann. Die Wasserzufuhr zu den Becken ist sorgfältig aus dem Fels geschlagen, manchmal in etwa einem Meter
Höhe über dem Becken mit einer aus der Wand austretenden
kleinen Tülle versehen, so daß das Wasser sich ungehindert ins

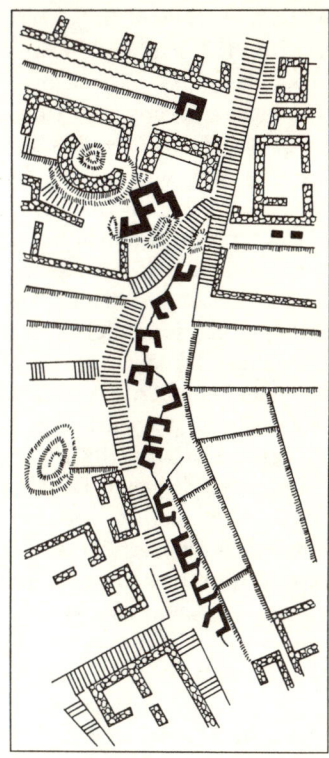

Abb. 22: Die Brunnen

Becken ergießen konnte. Ein Abflußkanal von vier bis fünf Zentimeter Querschnitt führt es anschließend dem nächsten Becken zu.

Die Becken haben eine Grundfläche von 70 mal 50 Zentimetern und sind 10 bis 15 Zentimeter tief. Wegen dieser geringen Größe scheint es nicht angemessen, von «Bädern» zu sprechen, wie es veröffentlichte Beschreibungen oft tun. Denn in einer solchen Badewanne könnte ein Mensch nur zusammengekauert hocken, und er säße kaum bis zur Taille im Wasser. Zudem wäre er in seinen Bewegungen sehr eingeengt und würde mit seinem Körper den Wasserzufluß blockieren. Daß man in diesen Becken nicht bequem baden oder sich waschen kann, ist also offensichtlich. Ein weiteres kulturgeschichtliches Argument, das gegen die beliebte Interpretation als Bäder spricht, die auch aufgrund der Ummauerung der Becken suggeriert wird, ist die Tatsache, daß die das Hochland bewohnenden Indianer wegen der Kälte des Wassers, das sich ja überall aus dem Gletschereis der Hochanden speist, kaum oder gar nicht baden. Nun kann man argumentieren, hier in *Machu Picchu* herrschten ja schon klimatisch gemäßigte Verhältnisse und die Matsigenka- oder Campa-Indianer des benachbarten Tieflandes seien geradezu besessen, täglich und sogar nachts mehrmals ein Bad zu nehmen. Dabei vergißt man aber, daß *Machu Picchu* ein von Hochlandindianern gegründeter und erbauter Ort ist, an dem sicherlich deren Tradition der Körperpflege herrschte, und nicht die der weiter stromabwärts lebenden Waldindianer.

Eine näherliegende Deutung der Becken, die auch der auf die Wasserbaukunst spezialisierte nordamerikanische Forscher Kenneth Wright vertritt, ist die Annahme, daß sie als Brunnen dem Wasserholen dienten. Mit dünnhalsigen großen Wasserkrügen, sogenannten *ariballos*, und kleineren bauchigen Schnabelkannen, von denen man auch in *Machu Picchu* Scherben gefunden hat, kann aus den Becken leicht und effizient Wasser geschöpft werden, oder man läßt das aus der Wasserleitung in einem Strahl heraustretende Naß direkt in den Krug fließen.

Die Anlage selbst ist vor allem insofern bemerkenswert, als man sich nicht mit einem allgemeinen Brunnen zufriedengab, wie wir sie in Dörfern auf der ganzen Welt finden, sondern hier können 16 Personen gleichzeitig und ohne gegenseitige Behinderung Wasser schöpfen, vorausgesetzt, die Quellen sind ergiebig genug. Die Becken erfüllen aber noch einen weiteren praktischen Zweck: In Jahreszeiten, in denen die Quellen nur wenig Wasser geben, kann man sie mit Stopfen verschließen und abwarten, bis sie sich, vielleicht nach Stunden erst, spärlich tröpfelnd gefüllt haben, um das Wasser dann auf einmal zu schöpfen.

Nach dem letzten Becken macht der Kanal eine Kehre und mündet, streckenweise unterirdisch geführt, in den Trockengraben am Rand der bebauten Zone, der also ab hier wegen dieser

Wasserzufuhr kein trockener Graben mehr war. Er mußte allerdings schon weiter oberhalb das oberflächlich ablaufende Regenwasser aus der Stadt aufnehmen und hat daher in der Regenzeit in seiner ganzen Ausdehnung Wasser geführt.

Abgesehen von dieser sehr effizienten Wasserleitung mit ihren Brunnen sind in den Steilhängen unterhalb *Machu Picchus* noch verschiedene natürliche Sickerstellen für Regenwasser eingefaßt worden. Man hätte sicherlich auch das in der Regenzeit von Dezember bis März mit durchschnittlich 280 Millimetern im Monat reichlich fallende Regenwasser an den Dachtraufen der Häuser oder am Fuß von gepflasterten Wegen und Treppen auffangen und der Nutzung zuführen können. Da es zwar für die Leitung von Regenwasser durch das Vorhandensein von Regenrinnen einige Hinweise gibt, jedoch nicht für das Sammeln und Nutzen, scheint das Quellwasser für die Versorgung der Bevölkerung genügt zu haben. Die Kapazität des Hauptsystems wird auf 400 000 Liter Durchfluß an einem Tag geschätzt, was sicher für die Bewohner von *Machu Picchu* ausreichte, selbst wenn man einen beträchtlichen Teil davon zur Bewässerung der Felder verwandte. Daß Wasser meist reichlich floß, obwohl die Querschnitte des Kanals und der für ihn geschaffenen Mauerdurchlässe einschließlich der unterirdisch geführten Streckenabschnitte nur 10 bis 15 Zentimeter betragen, zeigt sich indirekt daran, daß die *Inka* einen Zweigkanal planten, mit dem eine ähnliche Folge von Brunnen gespeist werden sollte. Hiervon sind aber nur noch Teile der steinernen Kanalröhre zur Ausführung gelangt, bevor die Stadt verlassen wurde.

In Notfällen, vor allem bei langanhaltender Trockenheit, wird man den beschwerlichen Gang bergab auf sich genommen haben, um an den gefaßten Sickerstellen auf halbem Weg Wasser zu schöpfen oder gleich bis zum *Uru Pampa*-Fluß hinabzusteigen, um von dort das ganzjährig reichlich strömende klare Flußwasser zu holen. Der Hin- und Rückweg ins Tal ist allerdings ein Gang von gut zwei Stunden.

9. Terrassen und Feldscheunen

Die von Menschenhand bebaute Fläche in *Machu Picchu* wird zu einem Drittel von Wohn- und Kultbauten, von gepflasterten Wegen und Treppen sowie offenen Plätzen eingenommen. Zwei Drittel aber sind den Steilhängen abgerungene Terrassen (Abb. 21).

Die Terrassierung von Hängen ist eine grundlegende Technik, mit der Menschen auf der ganzen Welt erfolgreich bergiges Gelände zum Anbau von Nahrungs- und Nutzpflanzen erschlossen haben. In Südostasien ist es der Reis, bei uns ist es die Weinrebe, die man auf Terrassenfeldern im Bergland kultiviert, bei den Andenvölkern sind es Mais, Kartoffeln, Quinoa, Erdnuß, Baumwolle und anderes. Die Terrassen in *Machu Picchu* dienten also vornehmlich dem Anbau von Nahrungspflanzen. Ihre Fläche ist im Verhältnis zur Wohnfläche in *Machu Picchu* ungewöhnlich klein, wenn wir sie mit derjenigen ähnlich gelegener Orte aus der *Inka*-Zeit, wie *Pisaq* oder *Ollantay Tampu*, vergleichen.

In *Machu Picchu* befindet sich die Hauptterrassenzone an dem hufeisenförmig geschwungenen Hang, den man als heutiger Besucher vom Tal aus kommend zunächst durchschreitet. Dort folgen 45 Terrassen aufeinander, die sich im unteren Teil bis zu 50 Meter breit die Hangkehle entlangziehen, im oberen Teil aber immer schmaler werden. Dem Berg sind so knapp 100 Höhenmeter abgerungen, um eine Gesamtfläche von grob geschätzt vier Hektar für den Anbau zu gewinnen. Wenn man die kleineren Terrassen hinzuzählt, die sich allseits an den Hängen unterhalb der Stadt anschließen, kommt man vielleicht auf insgesamt fünf Hektar Anbaufläche in der unmittelbaren Umgebung der Stadt.

Das Innere der Terrassenstufen wurde bei ihrer Anlage sorgfältig mit unterschiedlichem Material gefüllt, damit die Auflage stabil mit dem Hang verhaftet war und sie gleichzeitig ausreichend dränierte, so daß keine Unterspülung oder dauerhafte Aufweichung durch Stauwasser entstand. Dies könnte nämlich die Terrasse zum Abrutschen bringen und die am Hang darunter liegenden Terrassen mit in die Tiefe reißen. Die Konstruktionsweise war so ausgereift und stabil, daß nicht nur hier, sondern überall in den Anden, wo die *Inka* und ihre Vorgängerkulturen lebten, solche Terrassen noch heute existieren und zum Teil unverändert benutzt werden. Ihre oberste Schicht besteht aus Humus, der hier wahrscheinlich mühsam vom *Uru Pampa*-Fluß hinaufgebracht wurde. Wenn eine Terrasse in Gebrauch war, wurde durch Bodenlockerung mit dem Grabstock, durch Untergraben von Grünzeug und durch Fäkaliendüngung ihre Fruchtbarkeit auf Dauer erhalten. Damit sie Halt bekommt, wurde sie von einer oft doppelten Stirnmauer talwärts begrenzt. Diese Mauer wird aus grob behauenem Stein aufgeschichtet und erhält als obersten Abschluß längere gutbehauene Steine, was den Terrassen ein sehr ordentliches Aussehen gibt. Um dem bedeutenden Druck von Geröll und Erdmassen hinter der Mauer standzuhalten, ist diese meist etwas dem Hang zugeneigt. Bei steilem Gelände muß sie übermannshoch sein, damit oben eine einigermaßen breite Anbaufläche gewonnen werden kann. Solche Höhen sind für den Feldarbeiter nicht einfach zu überwinden, und so haben die *Inka* in *Machu Picchu* zwei Begehungsmöglichkeiten geschaffen: Drei senkrecht den Hang hinaufführende Treppenfluchten zwischen den Terrassenfeldern sind zum Überwinden größerer Entfernungen gedacht. Um ein bestimmtes Terrassenfeld zu erreichen, führen Freitreppen an den Stirnseiten der Stützmauern hinauf. Sie sind als Folge versetzter Steinplatten, die langsam an Höhe gewinnen, in die Mauer eingefügt. Um auf den Terrassen selbst den Hang zu queren und dabei nicht durch die Felder gehen zu müssen, finden sich hin und wieder am Fuße einer Stützmauer schmale Wege. Aber nicht nur für das bequeme Begehen der Terrassenfelder durch den Bauern ist gesorgt, sondern auch der Wasserabfluß wurde vorzüglich geregelt. Maßnahmen gegen inneren Wasserstau waren bei der Aufschüttung der Terrassen bereits durchgeführt worden, indem die Unterfüllung der Felder für ordentlichen Wasserabzug sorgt. Wenn das so nach unten abgeleitete Wasser dann aus den Fugen am Fuß der Terrassenmauer auf die darunterliegende Terrasse sickerte, wurde es an bestimmten Stellen kanalisiert und über die Stirn der Stützmauer dieser Terrasse in einer senkrechten Rinne abgeführt. Bei größeren Regenmengen nach Gewittern und Regengüssen war das nötig, damit die Felder nicht durch Wasserabfluß erodierten. Schließlich sollten auch in den Monaten, die nicht genügend Regen bringen, die Saaten und Feldfrüchte nicht vertrocknen, und so haben die *Inka* in diesem Hauptanbaugebiet von *Machu Picchu* quer zum Hang, mitten durch die Terrassen, den bereits besprochenen gemauerten Kanal geführt. Er war zwar vornehmlich für die Wasserversorgung der Stadt gedacht, könnte aber auch zur bequemen Bewässerung der Felder gedient haben.

Eine Gruppe von fünf gestuft dicht hintereinander stehenden Häusern im Hauptterrassenfeld wird wegen ihrer von der Wohnbebauung entfernten Lage inmitten der Felder und wegen ihrer Anordnung mit den durch talseitige Fenster gut belüfteten Breitseiten als Scheunen für die angebauten Feldfrüchte gedeutet. Das ist plausibel, da Lagerhäuser eine wichtige Einrichtung in der Vorratshaltung der *Inka* waren und sich andernorts ganz ähnlich gebaute finden. Übrigens weisen auch einige der kleineren Terrassenzonen, wie zum Beispiel die unterhalb des *Inti Watana*, ähnliche an ihrem Rand befindliche Gebäude auf, die dann ebenso als Scheunen zu interpretieren sind.

Terrassen finden sich außer an dieser bevorzugten Hanglage praktisch überall unterhalb der städtischen Bebauung, wo das Terrain für den Hausbau zu steil ist, aber vor dem jähen Abgrund. Sogar an den Steilhängen der beiden Gipfel *Machu* und *Wayna*, weit oberhalb der Stadt, finden sich kleine Terrassenfelder. Die dort verfügbaren Anbauflächen sind minimal, können aber als hausnahe Gemüse- oder Obstgärten genutzt worden sein. Das gilt auch für einige innerstädtische Bereiche, wo wir heute nicht mehr feststellen können, ob sie Freiflächen oder Gartenanlagen waren. Andererseits scheinen manche Terrassierungen an extrem steilen Hängen nur eine Stützfunktion für darüber gelegene Flächen und Bauwerke gehabt zu haben, ohne je zum Anbau vorgesehen gewesen zu sein.

Die Beobachtung, daß es oft sehr viel größere Terrassenflächen an anderen *Inka*-Orten gibt und daß in *Machu Picchu* gerade in Richtung des *Machu*-Berggipfels und seiner Flanken noch viel terrassierungsgeeignetes Land ungenutzt brachlag, kann unterschiedlich gedeutet werden: *Machu Picchu* hatte eine nur geringe Bevölkerung und bedurfte für deren Ernährung keiner größeren Felder, und/oder *Machu Picchu* war vielleicht durch herrscherliches Privileg oder aufgrund anderer Ausnahmebedingungen nicht zum Erwirtschaften von Überschuß für die staatliche Kornkammer verpflichtet, vielleicht sogar nicht einmal zur vollständigen Selbstversorgung. Und schließlich ist noch denkbar, daß *Machu Picchu* bei seiner Aufgabe, auch was die Terrassenfelder betrifft, noch nicht den geplanten Endausbau erreicht hatte.

10. Die Gipfel *Wayna* und *Machu*

Der Granit-Felsklotz, den der *Uru Pampa*-Fluß in einer Schleife umströmt, ragt mit zwei Hauptgipfeln und dem sie verbindenden Berggrat jäh bis zu 1000 Meter aus der Schlucht empor. An seiner Südwest-Seite, wo sich die Flußschleife öffnet, setzt er sich in einem breiter werdenden Rücken fort, der schließlich in die Höhenzüge des Gebirges von *Willka Pampa* übergeht und nicht unweit von *Machu Picchu* bis zu 4100 Meter ü. d. M. aufragt. In der *Uru Pampa*-Schleife selbst erhebt sich der äußere Felssporn jäh 700 Meter hoch und erreicht so die absolute Höhe von 2700 Meter ü. d. M. Er wird metaphorisch als der jüngere (*wayna*) bezeichnet, und er ist es, den Touristenphotos und Reiseprospekte als Hintergrund abbilden (Abb. 2). Auf der anderen Seite erhebt sich der breitere und daher weniger spektakuläre Gipfel. Mit seinen 3140 Metern ist er beträchtlich höher als sein Gegenüber, und so heißt er, ebenfalls metaphorisch, passenderweise *machu*, «der Alte». Auf dem Sattel des zwischen ihnen sich spannenden Felsgrates, *picchu* genannt, ruht die Stadt. Ähnliche paarige Gipfelformationen finden sich mehrfach im Hochland und heißen dann, entsprechend ihren Größenverhältnissen, auch *Wayna* und *Machu*.

Beide Gipfel sind trotz ihrer Steilheit und der geringen nutzbaren Flächen von den *Inka* durch Wege, Treppen, Tunnels und

Terrassen ebenso wie durch Gebäude erschlossen. Das beein-
druckendste Bauwerk auf dem *Wayna*-Berg ist eine sieben Meter tiefe und zwölf Meter breite Höhle mit einer ausgemauerten
Tempelanlage nahe dem Gipfel, nicht unähnlich derjenigen unter dem Turm in der Stadt selbst. Die Ähnlichkeit liegt nicht nur
darin, daß an beiden Orten Höhlen ausgebaut wurden, sondern
auch in der Tatsache, daß in die Innenseiten der Mauern auf
jeder Seite drei Nischen eingelassen sind. Diese Höhle mündet
in eine zweite, kleinere und etwas höher gelegene Kammer, die
durch einen Felsspalt im Dach etwas Sonnenlicht erhält. Ohne
ersichtlichen Grund spricht die Literatur hier vom «Mondtem-
pel». Archäologische Funde von Bedeutung sind in ihr, als
Jacobo Rauss 1934 dort Ausgrabungen vornahm, nicht gemacht worden, wie ja die ganze Ruinenzone von *Machu Picchu*
äußerst fundarm ist. Weitere Gebäude etwas unterhalb am
Hang weisen auf eine wichtige und dauerhafte Funktion dieser
Anlage um die Höhle herum hin, ohne daß sich Genaueres erschließen läßt.

Weniger spektakulär sind die Bauten auf dem *Machu*-Berg.
An seinen Flanken sind es kleinere gemauerte Gevierte entlang
den beiden Überlandwegen zur Stadt, die man als Wachhäus-
chen deutet. An einer Bergflanke, etwa 300 Meter höher als die
Stadt, finden sich einige Begräbnishöhlen. Den obersten Gipfel
krönt schließlich eine «Signalstation», die schon von Bingham
so bezeichnet und interpretiert wurde. Etwas unterhalb steht
ein kleines Haus. Das Ensemble könnte tatsächlich Schlaf- und
Aussichtsstätte von Wächtern gewesen sein, die hier eine gran-
diose Fernsicht und vor allem auch den Blick in die Tiefe des
Uru Pampa-Tales und auf den strategischen Punkt der Brücke
von *Torontoy* hatten.

An beiden Gipfeln finden sich Terrassen, die hier aber wohl
eher Stützmauern waren, als daß auf den durch sie gewonnenen
winzigen Flächen Anbau betrieben wurde. Beide Gipfel sind
von Wegen erschlossen, die zwar streckenweise gut zu breiten
Treppenfluchten ausgebaut, streckenweise aber auch zur Zeit
der *Inka* schmal und exponiert waren, so daß nur ein geübter
und trittsicherer Indianer sie begehen konnte. Der Pfad auf den

Machu zweigt vom Höhenweg ab, der die Stadt mit dem *Inka*-Wegesystem verbindet, während der *Wayna* durch zwei Wege erschlossen ist, einen vom Tal aus und einen, der am Ende der Stadt hinter der *Pacha Mama*-Gruppe beginnt.

11. Heilige Felsen, Berge und Höhlen

Der Turmfelsen, das *Inti Watana,* der dort befindliche Pfeilfelsen und das Ensemble der *Pacha Mama*-Gruppe führen uns vor Augen, wie die *Inka* Felsen bearbeitet, umgestaltet oder in ihrer natürlichen Form belassen haben, um in ihnen ihr Weltbild auszudrücken und an diesen Orten religiöse Kulthandlungen durchzuführen. In *Machu Picchu* befinden sich solche Felsen noch an mehreren anderen Stellen, wobei nicht immer sicher ist, daß sie kultischen Zwecken dienten und ob sie wirklich Bergsilhouetten nachbilden, wie die Forschung meint. Die kultische Nutzung, einerlei ob der Felsen bearbeitet oder naturbelassen ist, kann man plausibel aber in den Fällen annehmen, in denen mit den Felsen Plätze und *masma*-Häuser in Zusammenhang stehen, wie im oberen Bereich der Terrassenzone und in der *Pacha Mama*-Gruppe.

Bei der Turmgruppe begegnet uns eine weitere wichtige Form der Nutzung und Umgestaltung von Gebirgsformationen, die Höhle: Sorgfältig mit Nischen und Mauern ausgebaut oder weitgehend naturbelassen, waren Höhlen vornehmlich dem Totenkult und der Bestattung gewidmet. Von vielen ist nicht sicher, ob sie nach der Bestattung der Toten weiterhin kultischen Zwecken dienten. Im Fall der oberen Terrassenzone ist das aber, ähnlich wie beim Turm-Ensemble, erkennbar, da sich bei ihnen zwei Häuschen (*wayruna*) befinden, die als Wärterhäuschen gedeutet werden. Viele in der örtlichen Folklore überlieferte oder von Abenteurern angeblich entdeckte Höhlen scheinen allerdings Hirngespinste zu sein oder archetypische Phantasiebilder. Über sie zu berichten erübrigt sich.

Sonne, Wasser und Erde waren die von den *Inka* verehrten Naturkräfte. Die Sonne repräsentierte die höchste göttliche Macht und stand daher engstens mit dem *Inka* in Verbindung.

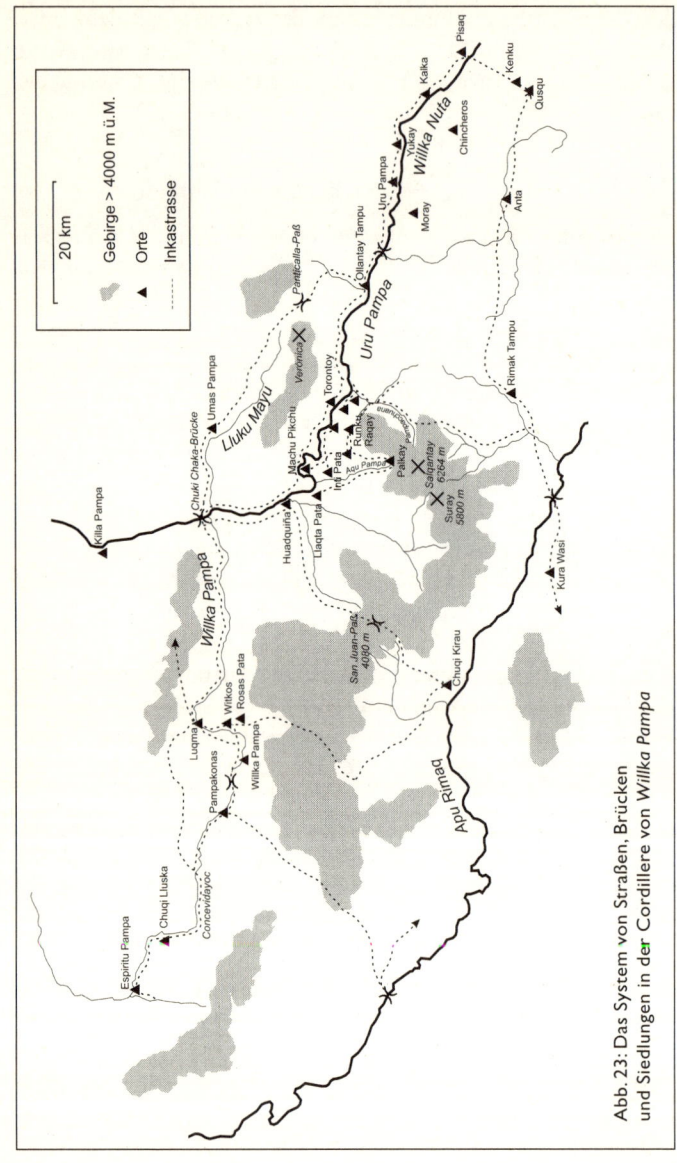

Abb. 23: Das System von Straßen, Brücken
und Siedlungen in der Cordillere von *Willka Pampa*

Die Erde, einschließlich der Berge, beherbergte unzählige Götter (*wak'a*) und Geister (*apu*), die man als freundliche Wesen
anrief oder als böse Mächte fürchtete und durch Opfer zu
beschwichtigen suchte. Außerdem war es die Erde mit ihren
Höhlen, die den Toten aufnimmt und zugleich das Pflanzen-
wachstum fördert, also Mensch und Tier die Lebensgrund-
lage spendet. Wasser schließlich und andere Flüssigkeiten
waren die Mittel, durch die man Trankopfer darbrachte. All
das steht auch in *Machu Picchu* vielerorts als Zweck im Hintergrund bestimmter Bauanlagen und ihrer Ausgestaltungen.

12. Das Wegenetz

So schwer erreichbar *Machu Picchu* vom Talgrund des *Uru
Pampa*-Flusses heute erscheint, war der Ort in alter Zeit mehrfach in das Wegenetz des *Inka*-Staates eingebunden (Abb. 23).
Der Höhenweg, den heutige Touristen als «*Inka*-Trail» kennen
und begehen, gehört dazu. Man verläßt das *Uru Pampa*-Tal
an der Eisenbahnstation *Quri Wayrachina* beim Bahnkilometer
88 von Cusco aus. Dort sind Fundamente einer den Fluß überspannenden *Inka*-Brücke erhalten. Wir befinden uns auf einer
Talhöhe von 2100 Metern. Von dort führt der nicht mehr in
seiner alten Form erhaltene *Inka*-Pfad das Seitental des *Kuni
Chaka* (wörtl. Brücke von *Kuni*) hinauf, vorbei an der ausgedehnten Siedlungs- und Terrassenzone von *Llakta Pata*, was
«Ort hoch oben» bedeutet.

Nach zehn Kilometern erreicht man, bei 2500 Metern, über
eine Brücke die einzige heute noch bewohnte Ansiedlung auf
dem Weg: *Waylla Pampa* (wörtl. *Waylla*-Grassteppe). Dann
geht es wesentlich steiler ansteigend das Nebental des *Llullu
Chayok* hinauf. Zu diesem Paß gehört die alte Siedlung *Warmi
Wañuqsa* (wörtl. tote Frau). Den absolut höchsten Punkt der
Strecke erreicht man nach sechs Kilometern auf 4200 Metern.
Er wird, wie es weltweit im Gebirge Brauch ist, von den Wande-
rern mit symbolischen Opfergaben geehrt, hier, typisch für das
Land der *Inka*, mit *kuka*-Blättern oder durch die Niederlegung
eines Steines.

Man bewegt sich nun auf und ab, aber immer in beträchtlicher Höhe, und erreicht einen zweiten, 4000 Meter hohen Paß bei den Ruinen von *Runku Raqay* (wörtl. Ansammlung von Hausruinen). Sie weisen eine Rundstruktur ähnlich dem Turm in *Machu Picchu* auf. *Runku Raqay* liegt etwa 200 Meter unterhalb der Paßhöhe. Dieser zentrale Teil des Weges befindet sich meist auf Höhen über 3500 Metern, also auf der klimatischen Höhenstufe der *puna* genannten Kältesteppe tropischer Breitengrade. Man überschreitet hier Quellbäche und sumpfiges Gelände.

Zum nächsten Ort *Sayaq Marka* (wörtl. Haltestelle), der nur drei Kilometer entfernt ist, steigt man auf einer in den blanken Fels gehauenen Treppe noch einmal 250 Höhenmeter bergan. Danach führt der Weg zunächst durch einen Tunnel, den die *Inka* in mühseliger Handarbeit mit Meißeln, Holzkeilen und Wasser in den Fels gesprengt haben, und an weiteren auf dieser Höhe gelegenen Ruinen vorbei, nämlich *Phuyu Pata Marka* (wörtl. Ort hoch in den Wolken) und *Inti Pata* (wörtl. Sonnenterrasse). Der heutige Wanderer ist ganz auf den mitgenommenen Proviant angewiesen. Zur *Inka*-Zeit waren die genannten Orte aber nicht nur bewohnt, sondern ihre Einwohner bauten auf ausgedehnten Terrassen, wie man sie zum Beispiel bei *Inti Pata* sieht, Nahrungsmittel an und weideten auf den Hochsteppen ihre *Llama*-Herden.

Allmählich tritt man, die *puna* hinter sich lassend, wieder in die darunter gelegene Zone der Nebelwälder ein, die auch *Machu Picchu* charakterisiert. Jetzt oder bereits etwas vorher kann man zum *Uru Pampa*-Fluß hinabsteigen, vorbei am Ort *Wiñay Wayna,* der auf «nur noch» 2700 Metern liegt, um im *Uru Pampa*-Talgrund den bedeutenden *Inka*-Ort *Chuqi Suyu* (wörtl. Goldland) und dann den etwas flußaufwärts gelegenen Ort *Chacha Pampa* zu erreichen. Wenn man die frühere Abzweigung nimmt, kommt man auf Höhe des *Uru Pampa*-Flusses zu einer anderen *Inka*-Stätte, die heute *Inti Watana* (wörtl. Sonnenfessel) heißt, weil dort eine als Gnomon mißdeutete Felsskulptur steht. Sie hat nur den Namen, nicht aber die Funktion mit den *Inti Watana* in *Machu Picchu* und in *Pisaq* gemein. Andere Abzweigungen des Weges führen ins *Aqu Pampa*-Tal, und jenseits des Zugangs bei Kilometer 88 gelangt man, immer dem Lauf der Quellflüsse des *Uru Pampa* und den sie rahmenden Höhenzügen folgend, nach *Qusqu,* in die ehemalige Hauptstadt des *Inka*-Reiches.

Wenn man den Abstieg nach *Chuqi Suyu* nicht nimmt, erreicht man, nunmehr allmählich an Höhe verlierend, schließlich ein Haus, *Inti Punku* (wörtl. Sonnentor) genannt, das zugleich als Tor dient. Dort erhascht man erstmals einen Blick auf die unweit gelegene Stadt *Machu Picchu.* Zunächst aber führt der Weg an der Flanke des *Wayna Picchu* entlang, folgt den oberen Terrassen im Vorfeld der Stadt und mündet schließlich über eine weitläufige Treppenflucht am Haupttor in die Stadt selbst. Man hat jetzt insgesamt fast 50 Kilometer zurückgelegt und im Auf- und Abstieg 2000 Höhenmeter überwunden. Der Zugang durch das Stadttor war sicher der bevorzugte und von Fernreisenden aus der Hauptstadt *Qusqu* zur *Inka*-Zeit benutzte, denn ein ausgebauter Höhenweg ist in allen Jahreszeiten begehbar und meist einfacher als der Weg im Talgrund der *Uru Pampa*-Schlucht, der in der Regenzeit und bei Schneeschmelze von Überschwemmungen und Steinschlag bedroht ist und von dem man einen sehr steilen Aufstieg nach *Machu Picchu* hat.

13. Die Gesamtanlage

Die bebaute städtische Fläche ist mit geschätzten 100 Hektar bescheiden. Auf ihr wurden etwa 200 Gebäude errichtet, von denen wahrscheinlich 150 Wohnhäuser waren. In ihnen können dauernd etwa 2000 Menschen gelebt haben. Frühere Schätzungen geben zum Teil wesentlich geringere Bevölkerungszahlen an, vermutlich weil man damals das ganze Ausmaß der Bebauung noch nicht kannte. *Machu Picchu* war jedenfalls sowohl bezogen auf seine Ausdehnung als auch auf seine Bevölkerungszahl eine kleine Stadt.

Zunächst können wir mit einiger Sicherheit profane und sakrale Bereiche bzw. Bauwerke voneinander scheiden. Zum Beispiel ist klar, daß die vierseitig gemauerten, zum Teil sogar zweistöckigen Giebeldachhäuser mit Fenstern als Wohnbauten dienten und die Gruppen, in denen sie geordnet in größerer Zahl aufgereiht stehen oder Innenhöfe bilden, Wohnbezirke waren. Auf der anderen Seite ist es bei den Höhlen eindeutig, daß sie primär für die Bestattung der Toten angelegt und genutzt wurden und die *Inka* in ihnen später vielleicht gelegentlich Kulthandlungen durchführten. Sie sind also eindeutig als Sakralbauten identifiziert. Ähnliche Deutungssicherheit haben wir bei den offensichtlich nicht für alltägliche praktische Zwecke geeigneten Steinformationen mit ihren kleinen einseitig offenen Wärterhäuschen, den sogenannten *wayruna*-Komplexen. Auch sie dienten kultischen Zwecken, wenn auch nicht dem Totenkult. Überhaupt ist die räumliche Assoziation ansonsten wenig differenzierter Häuser mit bestimmten auffälligen Bauten ein gutes Indiz für deren Sonderstellung. Neben den *wayruna* sind das in *Machu Picchu* noch die Aussichtspunkte auf den Berggipfeln, die Rast- und Kontrollhäuser an den Fernstraßen und die Feldscheunen in den Terrassenzonen.

Insgesamt sind Gebäude für direkte lebenspraktische Zwecke noch am differenziertesten aufzufächern: Da sind zunächst die Stadtmauer und das verschließbare Tor, die beide den Zugang kontrollierten und im Extremfall als Verteidigungseinrichtungen genutzt werden konnten. Evident sind die kommunikativen Funktionen bei den Gassen, Treppen und Plätzen, ohne die der Verkehr in der Stadt beschwerlich gewesen wäre. Im weiteren Sinn gehören dazu auch die Wegverbindungen, die *Machu Picchu* in das Gesamtnetz der *Inka*-Staatsstraßen einbinden und die einen Hauptzugang zur Stadt und mindestens zwei eher örtlich-private Zugänge bieten, die in einzelne Siedlungszonen führen.

Schwieriger wird es, wenn wir Gebäude und Einrichtungen des wirtschaftlichen Bereichs bestimmen wollen. Unmittelbar klar sind die wirtschaftlichen Zwecke der Feldscheunen in der großen Terrassenzone, der Fassung von Quellen ebenso wie der Wasserleitung in die Stadt und der 16 Brunnen, nämlich die Wasserversorgung. Aber schon die Deutung der beiden Steinbecken in der *Puka Marka*-Zone als Vorrichtung zur Verarbeitung von Kartoffeln zu *ch'uñu* bleibt unsicher, wie viele andere im wirtschaftlichen Bereich: Zum Beispiel fehlt bisher die eindeutige Identifizierung von Unterkünften für Reisende mit ihren Transporttieren, also das, was wir im Orient als Karawanserei bezeichnen. Ich habe dazu im ersten Abschnitt dieses Kapitels einen Vorschlag gemacht, der allerdings archäologisch noch überprüft werden muß. Ebenfalls und damit zusammenhängend hat die Archäologie bisher versäumt zu klären, ob es, vorzugsweise in der Nähe des Haupteingangs zur Stadt, Pferche und Weiden für *Llamas* gab. Es ist zu erwarten, daß viele Besucher mit solchen Lasttieren kamen und daß man diese nicht frei in der engen Stadt laufen ließ, sondern einsperrte und die eigenen auf geeigneten Weiden versorgen ließ, wie es in ländlichen Gebirgszonen der Anden noch heute Brauch ist. Der im *Inka*-Reich hochentwickelten Vorratshaltung von geerntetem Getreide oder Knollenfrüchten dienten die Feldscheunen. Verarbeitete Produkte, wie das Kartoffelmehl (*ch'uñu*), wurden vielleicht in den beiden Mörsern hergestellt und in Krügen oder Netzen in Wohnhäusern aufbewahrt, was sich in der Architektur aber nicht nachweisen läßt. Ähnliches gilt für verschiedene Handwerke, vor allem das Textilhandwerk, die Metallverarbeitung und das Töpferhandwerk, die bei den *Inka* alle drei hochentwickelt waren. Von den letzten beiden haben sich einige Produkte in den Gräbern erhalten. Diese Gewerbe wurden entweder im Freien, in den Innenhöfen oder in den Häusern selbst ausgeübt, ohne daß sie bisher entdeckte archäologische Spuren hinterlassen haben, zumal wenn es für sie keiner besonderen technischen Vorkehrungen bedurfte. Vielleicht aber war *Machu Picchu* gar kein Handwerksort, und die handwerklichen Erzeugnisse sind allesamt importiert worden.

In der Literatur wird oft betont, daß die Wohnbauten durch das unterschiedlich sorgfältig errichtete Mauerwerk und durch ihre Größe unterschiedliche Ränge der Bewohner anzeigen. Zu diesen beiden Indikatoren sollte man noch die Zugänglichkeit, die Gruppierungen zu Stadtbezirken und die Zweiteilung der Stadt hinzufügen, wie ich sie in diesem Kapitel durch meine Gliederung herauszustellen versucht habe. Die knapp zehn Wohnbereiche, zum Teil durch Mauern klar gegeneinander abgegrenzt, kann man zunächst sehr hypothetisch als Siedlungs-

zonen von Verwandtschaftsverbänden deuten, den im Quechua
so genannten *ayllu*, ähnlich wie in *Qusqu* Verwandtschaftsgruppen geschlossen gesiedelt haben sollen. Bestattungshöhlen,
die sich meist unterhalb der Siedlungszonen im steilen Berghang
in *Hurin Machu Picchu* fanden, sind möglicherweise diesen
Verwandtschaftsgruppen zuzuordnen. Wenn man die früher ge-
borgenen Skelette heute mit den Methoden der DNS-Analyse
und anderen Verfahren der Genetik untersuchen würde, ließe
sich sehr wahrscheinlich klären, ob Siedlungsgruppen aus solchen Verwandtschaftsverbänden bestanden und ob sie jeweils
ihre eigenen Bestattungshöhlen hatten.

Dennoch kommen wir alleine mit diesen sehr indirekten Dia-
gnosemitteln nicht sehr weit in der Rekonstruktion des vertika-
len Aufbaus der Gesellschaft und der beruflichen Arbeitstei-
lung. Zur genaueren Bestimmung des Gesellschaftsgefüges in
Machu Picchu bräuchten wir Bodenfunde, die genauer auf die
ehemaligen Bewohner und ihre hauptsächlichen Tätigkeiten
schließen lassen. Zwar gibt es einige mit den bestatteten Toten
assoziierte Beigaben. Sie sind aber so bescheiden und beschränken sich auf einfache Gegenstände des unmittelbaren persönlichen Bedarfs, wie Gewandnadeln aus Bronze, irdene Speise-
schüsseln und Gefäße für Getränke, daß aus ihnen nichts über
die gesellschaftliche Gliederung der Bewohner zu erfahren ist.
Die Stadt *Machu Picchu* selbst wurde so «besenrein» hinterlassen, daß man in ihr fast nichts fand und wir uns hier einfach mit
Nichtwissen bescheiden müssen. Die Ironie der Dialektik von
vergangenem Leben und archäologischer Rekonstruktion liegt
darin, daß, je katastrophaler das Ende einer Stadt ist, etwa
durch Plünderung und Brandschatzung (des aztekischen Mexi-
ko) oder durch einen Vulkanausbruch (das römische Pompeji),
sich desto mehr im nachhinein von ihrem Leben rekonstruieren
läßt. *Machu Picchu* hingegen wurde offenbar planvoll verlassen
und ist deshalb archäologisch ziemlich unergiebig.

Es war auf jeden Fall eine voll funktionsfähige Stadt; und das,
obwohl einige bedeutende Bauwerke und ganze Ensembles zur
Zeit ihrer Aufgabe noch nicht fertiggestellt waren oder noch
kaum das Planungsstadium überschritten hatten.

IV. Wem und wozu diente *Machu Picchu?*

Kluge Gedanken, üppige Spekulationen und sorgfältig aus dem archäologischen Befund abgeleitete Interpretationen treffen sich in Büchern über *Machu Picchu* zu einer bunten Mischung phantasievoller Rekonstruktionen über Zweck und Nutzen der Stadt in altindianischer Zeit. Um Klarheit darüber zu schaffen, was wir aus den Quellen wirklich über die ehemaligen Funktionen der Stadt erschließen können, stelle ich im folgenden die wichtigsten ernsthaften Interpretationen dar und scheide Mögliches vom Wahrscheinlichen und das wiederum vom Gesicherten.

1. *Machu Picchu* als Ursprungsort der *Inka*

Nach dem Ursprungsmythos der *Inka* (Kapitel II) war der Ort ihrer wunderbaren Entstehung *Tampu T'oqo*. Aus den dortigen drei Felshöhlen sind die Ahnen der *Inka*-Sippen hervorgekommen, und die mythischen Vorfahren haben ihn später immer wieder aufgesucht. *Tampu* bedeutet «Rasthaus/Vorratshaus/Heerlager» und *t'oqo* «Loch/Fenster». Der Name ihres Ursprungsortes heißt also übersetzt «Rasthaus mit Fenstern». Und die Überlieferung, wo er sich befand, nämlich im Hochland unweit von *Qusqu*, ist bis in die spanische Kolonialzeit lebendig geblieben. Bingham kannte diese Tradition und setzte sich bei seiner Expedition von 1911 das Ziel «[*Tampu T'oqo*] mit irgendwelchen existierenden Ruinenorten zu identifizieren, deren Namen man in den frühen spanischen Berichten nicht finden kann», obwohl er wußte, daß der Ort traditionell in der näheren Umgebung von *Qusqu* lokalisiert wurde und also gar nicht in Vergessenheit geraten war. Sich selbst unter Erfolgsdruck setzend, deutet er im Schlußkapitel seines Buches «Inca Land» (1922) *Machu Picchu* als *Tampu T'oqo*. Zur Begründung führt er an: «In Machu Picchu gibt es besonders viele Fen-

ster, und der ‹Tempel der drei Fenster› entspricht der Beschrei-
bung des mythischen *Tampu T'oqo,* was die Anzahl seiner Fenster betrifft.» Diese Begründung steht jedoch auf tönernen Fü-
ßen und ist einfach zu widerlegen: Daß sich Gebäude mit drei
Fenstern in vielen *Inka*-Orten finden, schwächt sein erstes Argument. Daß der sogenannte ‹Tempel der drei Fenster› in *Machu
Picchu* ursprünglich mit fünf Fenstern konzipiert war, von
denen die zwei seitlichen nur als Nischen ausgeführt wurden,
wie wir in Kapitel III sahen, macht Binghams konkrete Identifizierung unwahrscheinlich. Und schließlich kann ein erst in der
Spätzeit der *Inka* erbauter «Tempel» kaum der Ursprungsort
ihrer mythischen Ahnen sein. Binghams Deutung erhält in jüngerer Zeit zwar eine scheinbare Stütze dadurch, daß die Anwesenheit des Menschen an den Ostabhängen der Anden und die
Rolle, die dieses Gebiet für die Entstehung der späteren *Inka*-
Kultur gespielt hat, betont wird. Es handelt sich dabei jedoch
um den *Inka* fremde Kulturen und Orte, auf die sie ihre Herkunft nicht bezogen haben. Trotz der offensichtlichen Schwäche
seiner Argumente wiederholte Bingham diese Deutung in seinen
späteren Büchern von 1930 und 1951, jetzt freilich zusammen
mit anderen, weitaus plausibleren Argumenten, die er in der
Zwischenzeit entwickelt hatte und die ich im folgenden aufgrei-
fen werde.

2. Grenzfeste gegen das Tiefland

Der Reichsteil *Anti Suyu,* in dem *Machu Picchu* liegt, ist erst in
der Mitte des 15. Jahrhunderts von den *Inka* erobert und wirt-
schaftlich erschlossen worden (Kapitel II). An seinen Grenzen
stießen sie auf den unüberwindbaren Widerstand dort lebender
Tieflandindianer. Es ist daher naheliegend, in dieser Region *inkaische* Verteidigungsbauten, gewissermaßen Bollwerke gegen
die feindlichen Tieflandindianer, zu suchen.
   Machu Picchu hat tatsächlich einige Eigenschaften, die es als
Festung mit Verteidigungscharakter zu deuten erlauben. Zunächst ist schon seine Lage auf einem steilen Felsgrat dafür geeignet. Und die zur Beobachtung heranrückender Feinde gün-

stige Höhenlage wurde wohl tatsächlich genutzt, wie die Aus-
guckhäuschen auf den beiden Berggipfeln nahelegen. Auch
spricht die Stadtmauer mit ihrem verschließbaren Tor dafür,
daß der Ort zur Verteidigung gebaut wurde. Schließlich berichten Archäologen, sie hätten an verschiedenen geeigneten Stellen
Haufen von Schleudersteinen gefunden. Das Schleudern von
faustgroßen Steinen mittels Schlingen war die hervorragende
Fernkampftechnik der *Inka*-Heere.

All dies spricht für Planung und Ausbau *Machu Picchus* zum
Zwecke der leichteren Verteidigung, und die Deutung als
Grenzfestung gegen das wilde Tiefland ist daher unter Archäologen beliebt. Allerdings will nicht einleuchten, daß die Tieflandindianer die von den Erbauern *Machu Picchus* gefürchteten
Gegner waren. Diese Indianer, Vorfahren der heutigen *Matsi-
genka-*, *Campa-*, *Conibo-* und *Schipibo*-Stämme, hatten nämlich keinerlei Drang, ins Hochland einzufallen, und waren nicht
in großen schlagkräftigen Verbänden organisiert, die den *Inka*
gefährlich werden konnten. Kontakte mit ihnen sind zwar
wahrscheinlich, vermutlich dienten sie jedoch dem Tausch von
Tieflandprodukten gegen Güter aus dem Hochland und waren
eher friedlicher Natur. Noch heute sind diese kommerziellen Beziehungen in Mythen der *Schipibo* lebendig, freilich ins Phantastische und Unwirkliche gewendet, wie sie der deutsche Ethno-
graph Bruno Illius Ende des vergangenen Jahrhunderts auf-
gezeichnet hat. Dem behaupteten Zweck *Machu Picchus* als
Grenzfeste widerspricht außerdem die Tatsache, daß die für solche Militäreinrichtungen typischen großen Kasernen, wie sie
zum Beispiel in *Wanuku Pampa* und *Inka Llakta* zu finden sind,
in *Machu Picchu* fehlen. Viel wahrscheinlicher scheint, daß die
einzelnen *Inka*-Sippen, die oft in dynastische Händel und Nach-
folgekämpfe verwickelt waren, sich voreinander fürchteten und
Schutzmaßnahmen gegen ihresgleichen trafen. Eine von ihnen
hat vermutlich *Machu Picchu* hierfür als kleines, gut zu verteidi-
gendes Bollwerk hergerichtet.

3. Landsitz *Pacha Kutiqs*

Nachdem die Quellenforschung es wahrscheinlich macht, daß das *Uru Pampa*-Tal um *Machu Picchu* Patrimonium des *Inka Pacha Kutiq* war (Kapitel II), konzentrieren sich die Interpreten auf die Möglichkeit, den Ort als Bauvorhaben dieses Herrschers zu erkennen.

Da sich in *Machu Picchu* keine überragend repräsentativen Bauten finden und auch nicht genügend Platz für den Daueraufenthalt eines großen Hofstaates ist, wie ihn die *Inka* der Spätzeit unterhielten, kommt nur die Deutung als Landsitz, als Altersruhesitz oder dergleichen in Frage, nicht jedoch die als eine Hauptstadt. Bei den *Inka* mit ihrer kurzen Herrschaftsgeschichte und deren sehr bescheidenem Anfang war die Sitte noch nicht sehr ausgeprägt, sich großzügige Landsitze in klimatisch begünstigten Lagen einzurichten. Fälle sind aber immerhin von *Pacha Kutiqs* Vorgängern *Manqo Khapaq* und *Wira Qucha Inka* überliefert. Und so könnte es sein, daß auch *Pacha Kutiq* Anlagen zu diesem Zweck gründete oder ausbauen ließ. *Machu Picchu* ist möglicherweise eine davon, denn dort sind alle nötigen Installationen, wenn auch in bescheidener Ausführung, vorhanden, wie wir in Kapitel III gesehen haben. Auch das Klima ist in *Machu Picchu* im Vergleich zum Hochland um die Hauptstadt *Qusqu* angenehm. Es bleibt dies also eine Deutungsmöglichkeit, die sich allerdings wegen fehlender Quellenangaben und Bodenfunde kaum mehr bestätigen lassen wird. Sie steht aber mit den beiden letzten noch zu besprechenden Interpretationsmöglichkeiten auch nicht im Widerspruch.

4. Regierungssitz der *Inka*-Herrscher in der frühen Kolonialzeit

Daß *Machu Picchu* Zufluchtsstätte und Regierungssitz der letzten *Inka* nach der spanischen Eroberung ihres Kernlandes gewesen sei, ist ebenfalls eine beliebte Behauptung, die vor allem der Entdecker Bingham in seinen Büchern vorgetragen hat. Identifiziert man andere Ruinen im Reichsteil *Anti Suyu* mit dieser Funktion, wird sie jedoch unplausibel, wie ich in Kapitel III dargelegt habe. Das schließt jedoch nicht aus, daß *Machu Picchu* eine der in diesem Restreich zur Kolonialzeit vom *Inka* beherrschten und vielleicht sogar gelegentlich genutzten Städte war. Nur, letzter Hauptsitz des *Inka* war *Machu Picchu* bestimmt nicht, sonst wäre der Ort in den zahlreichen schriftlichen Berichten über die spanischen Eroberungs- und Missionsversuche erwähnt worden. Das ist jedoch nicht der Fall, sondern die Quellen reden in diesem Zusammenhang stets von *Willka Pampa* und *Witkos*.

5. Zufluchtsstätte der Sonnenjungfrauen

Daß *Machu Picchu* die Zufluchtsstätte der durch die spanische Eroberung aus *Qusqu* vertriebenen 400 Sonnenjungfrauen gewesen sei, ist im Schrifttum eine beliebte Behauptung. Eaton hat sie 1916 als erster vorgetragen. Er glaubte, damit die höhere Zahl der als weiblich identifizierten Skelette gegenüber den männlichen elegant erklären zu können (Kapitel I). Diese Idee griff Bingham, bestrebt, die Bedeutung *Machu Picchus* zu mehren, in seinen Büchern begierig auf. Allerdings weist von der Anlage der Stadt nichts auf die Präsenz einer klösterlich abgeschlossenen, dem Textilhandwerk und der Speisebereitung für religiöse Opfer gewidmeten vielköpfigen Frauengemeinschaft hin, auch wenn eine ihrer Gebäudegruppen mit der modernen Benennung *Aklla Wasi* («Haus der auserwählten [Jungfrauen]») das suggerieren soll. Geeignet für die Unterbringung wären diese und die benachbarte *Puka Marka*-Gruppe in der Tat, zudem beide zusammen groß genug sind, die ganze Gemeinde der hauptstädtischen Sonnenjungfrauen zu beherbergen. Aber sie wurden gewiß nicht für diesen Zweck gebaut. Dazu stehen die Häuser zu vereinzelt und sind auch zum Teil zu leicht einsehbar und zugänglich. Wenn die *Inka* in *Machu Picchu* außerdem nicht dauernd hofhielten, wie ich im vorangehenden Abschnitt argumentiert habe, ist es unwahrscheinlich, daß die an den Ort der obersten religiösen und politischen Institution gebundenen Sonnenjungfrauen hier untergekommen sein sollen.

Aber auch die Geschlechterverteilung der aufgefundenen Skelette, auf der diese Interpretation letztlich beruht, ist wie in vielen Fällen in der amerikanischen Archäologie zunächst falsch
bestimmt worden, wobei merkwürdigerweise eine Tendenz
besteht, den Anteil der Frauen an den Skelettfunden zu hoch
einzuschätzen. Eaton veranschlagte seinerzeit 102 weibliche gegenüber nur 22 männlichen Skeletten, während eine neuere
Untersuchung derselben Knochen nur noch 60 weibliche gegenüber jetzt 39 männlichen Skeletten ergab. Der Unterschied in
der Gesamtzahl ist hier ohne Belang, das Problem liegt in der
Diskrepanz zwischen männlichen und weiblichen Skeletten.

Abschließend kann ich zusammenfassen: Der ursprüngliche
Zweck der Stadtanlage von *Machu Picchu* war am ehesten wohl
der eines Landsitzes mit Befestigungscharakter für den *Inka Pacha Kutiq*. Spätere andere Nutzungen als Fluchtpunkt für die
Sonnenjungfrauen und/oder als zeitweiliger Aufenthalt des aus
seinem Kernland verdrängten *Inka* können zwar nicht ausge-
schlossen, aber aus der Anlage auch nicht erschlossen werden.
Die einzige Möglichkeit, zu einer genaueren Nutzungsbestim-
mung zu kommen, ist leider wegen der Armut an Bodenfunden
verschlossen.

V. *Machu Picchu* in Gegenwart und Zukunft

1. Die Erschließung

Einheimische Indianer des *Uru Pampa*-Tales haben die *inkaischen* Terrassen bei *Machu Picchu* immer wieder für den Anbau ihrer Feldfrüchte genutzt und sich auch gelegentlich in den alten Hausruinen niedergelassen. Das alles geschah lange vor dem offiziellen Entdeckungsdatum von 1911. Die Entdeckung war also keine wirkliche, und eine Sensation war sie nur für Fremde. Sich mit der Auszeichnung des Entdeckers zu schmücken muß daher auch hier, wie so oft in der offiziellen und populären Geschichtsdarstellung unserer westlichen Kultur, als Etikettenschwindel angesehen werden. Das aber tat dem Ruhm Binghams und dem seiner Förderer keinen Abbruch, und so hatte sein Besuch von 1911 bedeutende Folgen für die Wissenschaft. Denn nun begannen dank seines Ehrgeizes die systematische Erforschung *Machu Picchus* und die Verbreitung des Wissens um die Ruinenstätte. Später stellten sich dann auch durch den aufblühenden Tourismus positive Folgen für die örtliche Bevölkerung ein.

Das Freilegen der von Wald und Gestrüpp dicht überwachsenen Stadt war das erste Anliegen Binghams. Er hat diese Arbeit im Jahr seiner Entdeckung selbst geleistet und im folgenden von seinen Mitarbeitern vollenden lassen. Archäologen brauchen den freien Blick über ihre Forschungsstätte für deren kartographische Aufnahme, und besonders der Photograph Bingham legte Wert darauf, gute Möglichkeiten für seine Lichtbildaufnahmen zu bekommen.

An den Gebäuden hat Bingham, mit Ausnahme kleinerer Ausgrabungen in Begräbnishöhlen, keine Eingriffe vorgenommen oder gar etwas zerstört, wie es bei gründlichen Ausgrabungen unvermeidlich ist. Auch schienen die vorgefundenen Baureste so stabil, daß keine Sofortmaßnahmen zu ihrer Konsoli-

dierung nötig waren. An diese Zurückhaltung vor zerstörenden
oder verändernden Eingriffen hielten sich zunächst auch die
zuständigen Peruaner, die sich nach Bingham um den Ort küm-
merten, als *Machu Picchu* in die nationale Altertümerverwal-
tung integriert wurde. Man mußte lediglich die schnell zuwach-
senden Ruinen für gelegentliche Besuche immer wieder freilegen.

Um den Zugang und den Aufenthalt zu erleichtern, haben
Peruaner seit 1934 den *Inka*-Pfad, auf dem der ortsansässige
Bauer Melchor Arteaga Hiram Bingham am 24. Juli 1911 zu
den Ruinen hinaufgeführt hatte, neu trassiert und wiederholt
verbreitert, so daß er schließlich auch für kleine Autobusse be-
fahrbar wurde. Das schien geboten, nachdem nicht nur Fach-
archäologen, die bereit waren, sich den Aufstieg zu Fuß oder
auf dem Rücken eines Maultieres zuzumuten, sondern mehr
und mehr auch Touristen den Ort sehen wollten. Die 450 Höhenmeter vom Talgrund des *Uru Pampa*-Flusses zum Eingang in
die Ruinenzone überwindet die Straße jetzt mit mäßiger gleich-
bleibender Steigung in 13 Spitzkehren. Zugleich hat man am
Ende dieses Weges, wo er in die ersten Anbauterrassen und die
Gruppe von Feldscheunen mündet, ein bescheidenes Hotel errichtet.

Nach 1940 entschlossen peruanische Archäologen sich dann
aber, den Ruinen einen noch originaleren Anschein zu geben,
indem sie stehende Mauern und ganze Häuser wieder auf ihre
ursprüngliche Höhe hochzogen und einige Gebäude mit den
Materialien äußerlich vollständig restaurierten, die auch den
Inka zur Verfügung gestanden hatten, nämlich Hartholzstäm-
men für das Gebälk und *ichhu*-Gras für die Bedachung. In dieser behutsamen und angemessenen Restaurierung präsentiert
sich die Stadt seither dem Besucher.

Im Gefolge des 50jährigen Jubiläums der Entdeckung, das
1961 gefeiert wurde, und auch infolge des weiter wachsenden
touristischen Interesses an *Machu Picchu* reifte der Plan, den
Zugang vom Tal durch eine Seilbahn zu erleichtern. Doch zu
ihrem Bau kam es damals nicht, denn Peru war wegen bürger-
kriegsähnlicher Unruhen und politischer Instabilität für auslän-

dische Investoren, die Kapital und technisches Wissen hätten
bereitstellen können, kein attraktives Land mehr.

2. Das Weltkulturerbe

Einen gewaltigen Sprung in seiner Bedeutung machte *Machu
Picchu* 1983 durch die Anerkennung als Weltkulturerbe seitens
der UNESCO. Die Weltgemeinschaft hat sich das Instrument
zugelegt, bedeutende Kulturstätten zum Weltkulturerbe zu erklären, um touristische Ziele und wichtige historische Stätten
weltweit zu schützen. Zwar wird die UNESCO selbst bei Ausbau, Schutz und Restaurierung dieser Stätten nicht aktiv, doch
soll das internationale Prestige, das diese Auszeichnung mit
sich bringt, die örtlichen Verantwortlichen dazu anregen, sich
um ihre Kulturdenkmäler pflegerisch zu kümmern. Um diesen
Druck zu verstärken, sehen die Bestimmungen vor, daß bei Ver-
nachlässigung das Prädikat wieder aberkannt werden kann. Es
werden laufend Zustandsberichte gefordert, damit das über-
wacht werden kann.

Man hat sich bei *Machu Picchu* nicht mit der Erhebung in
den Rang eines Welt*kultur*erbes begnügt. Aufgrund der einma-
lig beeindruckenden Landschaft mit ihren großen Höhenunter-
schieden und der damit zusammenhängenden Artenvielfalt von
Tieren und Pflanzen bot es sich geradezu an, die Umgebung der
Ruinenstadt auch zum Welt*natur*erbe zu erklären. Dazu wurde
der ursprünglich 10 000 Hektar große archäologische Park um
Machu Picchu herum auf 32 600 Hektar erweitert, was leicht
möglich war, weil es kaum menschliche Siedlungen dort gibt,
auf die man hätte Rücksicht nehmen müssen.

Bei Kultur- ebenso wie bei Naturschutzvorhaben heißt Schutz
aber nie absoluter Schutz vor dem Zugriff des Menschen, sondern im Gegenteil Erschließung für den Menschen bei gleichzeitiger Wahrung der natürlichen oder historischen Integrität des
Schutzobjektes. Daß damit unlösbare Zielkonflikte eingebaut
sind, ist klar.

3. Welche Gefahren drohen *Machu Picchu* in der Zukunft?

Um die Gefahren, die dem *Inka*-Ort *Machu Picchu* drohen, realistisch einzuschätzen, müssen wir uns von romantischen Wunschbildern und der Vorstellung frei machen, daß irgend etwas auf der Welt bleibend sei. Schon der griechische Denker Heraklit wollte seinen Mitmenschen vor 2000 Jahren diese Einsicht vermitteln, als er schrieb: «Alles ist im Fluß». Viel genutzt hat es nicht, denn selbst Wissenschaften wie Volkskunde, Ethnologie und Archäologie fallen immer wieder der Vorstellung anheim, daß bestimmte Kulturzustände auf Kosten vorangehender oder folgender besonders schützenswert seien und daher ewig erhalten bleiben sollten. Sowohl Natur- als auch Kulturzustände sind aber dauerndem Wandel ebenso wie dem Vergehen ausgesetzt, und es ist stets eine willkürliche Entscheidung, welchen Zustand man erhalten will oder daß man überhaupt einen fiktiven dauerhaften Zustand gegenüber dem ständigen Wandel bevorzugen sollte. Bei *Machu Picchu* ist die Situation allerdings etwas einfacher: Da die Stadt in kurzer Zeit und weitgehend in einem Zug errichtet und kurz danach vollständig verlassen wurde, liegt hier tatsächlich ein Zustand vor, den man, ohne vorherige oder nachfolgende Zustände berücksichtigen zu müssen, als erhaltenswert bestimmen kann.

Bedrohung durch Naturgewalten. In *Machu Picchu* ist die von den Hütern der Ruinen befürchtete größte natürliche Gefahr die eines Bergrutsches. Solche gehen in zerklüfteten Gebirgen immer wieder ab, und *Machu Picchu* auf seinem exponierten Grat ist davon auch bedroht. Seit der Ort unter öffentlicher Beobachtung steht, ist ein größerer Bergrutsch erst einmal, 1995/96, in zwei Einzelstürzen abgegangen. Die Ruinen waren glücklicherweise davon nicht direkt betroffen, lediglich der ausgebaute Zugangsweg. Sorgenvolle Schützer, darunter auch geologische Experten aus Japan, denen man kaum unsachliche Nebenabsichten unterstellen kann, befürchten aber, daß auch die Hänge, auf denen die Stadt und die Anbauterrassen stehen, einem langsam sich entwickelnden Großrutsch unterworfen sein werden. Der benachbarte Bergsturz zur Jahreswende 1995/96 war also sozusagen nur ein kleiner erster Vorbote. Ein erneuter Bergrutsch könnte große Teile *Machu Picchus* in die Tiefe reißen und das Ensemble der Stadt zerstören oder stark beschädigen. Inwieweit das Gebiet, das ja in den tektonisch aktiven Anden liegt, auch von unvermittelten Erdstößen heimgesucht wird, die ihrerseits Bergstürze auslösen können, ist mir nicht bekannt.

Welches auch immer die möglichen Ursachen von Erdrutschen, Erdbewegungen oder gar Bergstürzen sein mögen, es finden sich Hinweise in den Ruinen, daß das immer schon eine Gefahr war: So klaffen große Risse entlang den Fugen der Mauersteine in einem Gebäude am Heiligen Platz, und der Boden am Tor zur Stadt hat sich etwas gesenkt. Wahrscheinlich sind die Ursachen für beide Deformationen Bewegungen des Untergrundes, also das, was Geologen als die schleichende Form eines Bergrutsches auch für die Zukunft vorhersagen.

Neben dieser großen Gefahr macht sich die dauerhafte Einwirkung der Witterung weniger schädlich bemerkbar. In *Machu Picchu* stehen seit seiner wissenschaftlichen Entdeckung ohnehin nur noch die steinernen Überreste der ehemaligen Stadt, und diese sind aufgrund der guten Qualität des Steins (Granit) und der sorgfältigen Bauweise wenig von Verwitterung bedroht. Was an witterungsempfindlicher Bedachung heute besichtigt werden kann, ist ja nicht Teil des vorgefundenen Ensembles, sondern spätere Restaurierung durch Archäologen.

Bedrohung durch den Menschen. Weniger spektakulär und leichter kontrollierbar als die natürlichen Gefahren sollten mögliche Zerstörungen durch den Menschen, vor allem infolge archäologischer Arbeiten und touristischer Erschließung, sein. Beide gehen oft Hand in Hand. Trotz der grundsätzlichen Möglichkeit der Kontrolle und nötigenfalls Verhinderung von schädigenden Eingriffen durch den Menschen kann das Interesse des Schutzes meist nicht zugunsten desjenigen einer Nutzung durch Konsum, die zugleich Zerstörung bedeutet, durchgesetzt werden. Schließlich brauchen Peru und die lokale Bevölkerung die

Einnahmen aus dem *Machu Picchu*-Tourismus dringend. Und je ansehnlicher und lebensnäher man die Ruinen restauriert, um so attraktiver sind sie für Besucher.

Peruanische Archäologen erweitern daher durch Ausgrabungen und Restaurierungen das begehbare Stadtgebiet und die Zahl der restauriert zu besichtigenden Bauwerke laufend, ohne daß dahinter ein wissenschaftliches Erkenntnisziel stünde. Man strengt sich vornehmlich aus ökonomischen Gründen an, will also die Zahl der Besucher erhöhen und sie nicht etwa aus konservatorischen Gründen beschränken. Folgende Zahlen mögen die finanziellen Gründe und ihr Gewicht beleuchten: Für das Jahr 2000 wurde von offizieller Seite die Zahl der Besucher mit 300 000 angegeben. Wenn man die Eintrittsgebühr hochrechnet, ergibt das die stattliche Summe von drei Millionen Euro, die dem Staate Peru hierdurch zufließt. Addiert man dazu noch die Ausgaben der Touristen für ihren Lebensunterhalt, für Souvenirs und für den Transport per Eisenbahn und Bus oder Taxi, die der Bevölkerung und örtlichen Kleinunternehmern zugute kommen, wird man den ökonomischen Gesamtwert *Machu Picchus* pro Jahr vermutlich auf zehn Millionen Euro taxieren können.

Deutlichstes Zeichen der Zerstörung des ursprünglichen Zustands der Anlage ist der Ausbau des Zugangsweges. Wiederholte Verbreiterung, Neutrassierung etc. haben den zur Zeit der *Inka*-Herrschaft bescheidenen und nur zu Fuß begehbaren Pfad vom *Uru Pampa*-Tal hinauf in die Stadt völlig zerstört und eine Bergstraße geschaffen, die jetzt sogar mit großen Autobussen befahren werden kann. Sprengungen im Rahmen dieser Straßenerweiterung lösten sogar den genannten Bergsturz von 1995/96 aus.

Günstiger fällt die Bilanz hinsichtlich der Zugangswege über die Berge aus. Sie sind zwar in den Tourismus als «*Inka*-Trail» eingebaut und werden auch in Reiseführern ausführlich besprochen und empfohlen, doch noch ist die Strecke ein Weg, den nur leistungsfähige Wanderer unter Verzicht auf Komfort begehen können und der mit Ausnahme weniger Sicherungsmaßnahmen unverändert erhalten blieb. Doch auch hier ist ein tourismusfördernder Ausbau absehbar. Er wird diesem Teil des *Inka*-Wegenetzes Schaden zufügen, durch Verbreiterung, größere Sicherungsmaßnahmen und neu zu errichtende Ruhestationen in Gebieten, die heute wilde Natur sind und in denen sich zu *Inka*-Zeiten lediglich bescheidene Bergsiedlungen in angepaßter Bauweise aus Naturstein und Strohdächern fanden.

Bequemlichkeit für den Touristen und Mehreinnahmen durch schnelleres Durchschleusen von Besuchern ist selbstverständlich mittlerweile das primäre Ziel aller Kulturstätten der Welt. Eine Seilbahn vom Talgrund des *Uru Pampa* zum heutigen kleinen Hotel und Restaurant bei *Machu Picchu* war schon 1961 projektiert, scheiterte jedoch an der politisch unruhigen und finanziell desaströsen Situation des Landes in den folgenden Jahrzehnten. Erst zum Ende des 20. Jahrhunderts wurde der Plan wieder aufgegriffen, nachdem der diktatorisch herrschende Präsident Alberto Fujimori die ländlichen Unruhen und den Terror der Aufständischen des «Leuchtenden Pfades» mit harter Hand unterdrückt hatte und Peru allmählich für ausländische Investoren wieder interessant wurde. Jetzt ergänzte man den Plan um ein neues, vor allem großes Hotel als Kopfstation der Seilbahn. Es sollte an der Stelle des seit langem bestehenden kleinen Hotels errichtet werden. Auch diese Pläne sind aber, während ich schreibe, ad acta gelegt, nachdem Umweltschützer und Nostalgiker massiv protestiert haben. Hier siegte, wenigstens zeitweilig, die Erhaltung des Ist-Zustandes von Ruinen und Naturpark gegenüber der Umgestaltung zum Zwecke intensiverer Nutzung durch Besucher und den damit zu erzielenden Einnahmen.

Wer es eilig hat und nicht bis zur ohnehin ungewissen Realisierung der Seilbahnpläne warten möchte, kann mit dem Hubschrauber die Stätte überfliegen. Die wenigen Landungen in *Machu Picchu* selbst sind noch auf Ausnahmen wie Filmaufnahmen für kommerzielle Zwecke und Präsidentenbesuche beschränkt, haben aber auch schon Schaden angerichtet. So soll, nach mehrfach bestätigten, aber offiziell nicht verbreiteten Berichten, im Jahre 2000 die Spitze des *Inti Watana* bei einem dichten Überflug eines Hubschraubers abgeschlagen worden sein. Anlaß waren Filmaufnahmen für eine Bier-Reklame.

VI. Das politische Symbol

Am 29. Juli 2001 setzte sich der kurz zuvor neugewählte peruanische Präsident Alejandro Toledo, der im Gegensatz zu seinen Konkurrenten um das höchste Staatsamt und auch zu seinem Vorgänger Fujimori ein einfacher Mann aus dem Volk ist, in besonderer Weise in Szene. Als erstes nach seiner Einsetzung begab er sich in Begleitung zweier Repräsentanten lateinamerikanischer Staaten und des Prinzen von Asturien als Vertreter des spanischen Königs, also vor internationaler Prominenz, mit seiner Ehefrau per Hubschrauber nach *Machu Picchu*. Dort, auf dem hohen Bergrücken inmitten der *Inka*-Ruinen, sprachen sie beide Gebete in Quechua-Sprache. Der Präsident erläuterte sie für seine politischen Begleiter und vermutlich vor allem für die mitgereisten Journalisten folgendermaßen: Er sei hierhergekommen, um ein Versprechen gegenüber den heiligen Naturgeistern (*apu* auf quechua) und Mutter Erde (*pacha mama* auf quechua) in dieser heiligen Stadt einzulösen, indem er ihnen seine Reverenz erweise (Abb. 24). Zwei «*Inka*»-Priester aus Cusco unterstrichen die Ernsthaftigkeit seiner Gebete durch rituelles Trinken von Chicha, dem altindianischen Maisbier, das sie in Richtung der umgebenden Berge spuckten. Außerdem entzündeten sie ein großes Brandopfer für die Götter. Das Ganze wurde von einer Folklore-Schau mit ländlichen Tänzen und Gesängen umrahmt.

Diese Tat des neuen Präsidenten der Republik Peru ist in mehrfacher Hinsicht bemerkenswert. Peru ist ein Land, in dem seit 500 Jahren Spanisch als Amtssprache gesprochen wird und die Regierungsmacht von der spanisch gegründeten Hauptstadt Lima ausgeht. Jedoch diente nicht der Präsidentenpalast oder ein ähnlich repräsentatives Staatsgebäude am Regierungssitz Toledo für seine erste Amtshandlung, sondern ein symbolträchtiger Ort der untergegangenen *Inka*-Herrschaft, und nicht die

Abb. 24: Der peruanische
Staatspräsident Alejandro
Toledo in Machu Picchu
am 29. Juli 2001

Sprache der lateinamerikanischen Nation der Peruaner, die
auch die der ihn begleitenden Vertreter anderer Nationen war,
also das Spanische, sondern die Sprache der *Inka* und der heutigen armen Hochlandbauern, das Quechua, war sein Aus-
drucksmittel. Ob dieses neue, zutiefst irrationale und an die
Emotionen appellierende Ritual, das gleichzeitig weitgehende
Zugeständnisse an den globalen Folklorismus macht, auch von
Toledos Nachfolgern übernommen werden wird, bleibt abzu-
warten. Auch ist unklar, welche Bedeutung die steinerne *Inka*-
Hinterlassenschaft in *Machu Picchu* und andernorts in Peru für
das Land und seine Bevölkerung zukünftig hat: Wird sie aus
wiedererwecktem nationalen Stolz nun stärker geschützt, ge-
pflegt und in der Tradition der einheimischen Bevölkerung ver-
ankert und vereinnahmt, vielleicht sogar Fremden vorenthalten,
oder wird die touristische und folkloristische Inszenierung der
Weg sein, also letztlich diejenige Entwicklung, die am meisten

Geld abwirft? Toledos Inszenierung in *Machu Picchu* scheint offen für beide Richtungen.

Für die globalisierte Welt der ernsthaft an Kultur Interessierten bedarf *Machu Picchu* seit seiner Erschließung durch Hiram Bingham als Zeugnis einer großartigen, wenn auch vor 500 Jahren endgültig vergangenen Kultur nicht nachträglich untergeschobener Sinngebung, geschweige denn modischer medienwirksamer Inszenierung. Die historisch angemessene Einsicht kann uns allerdings auch kein Indigenist, Politiker oder Entwicklungsmanager mehr nehmen. Selbst wenn Naturgewalten oder staatliches Mißmanagement die Stadt zerstören sollten, die Wissenschaft hat den Ort in ihr kollektives Gedächtnis aufgenommen und für zukünftige Generationen dokumentiert.

Literatur

Acosta, José de: *Obras*, Madrid 1954. [Weniges, aber zum Teil Authentisches zur Geschichte der *Inka* enthält sein Hauptwerk, die «Historia natural y moral», die erstmals 1590 in Sevilla gedruckt wurde, vor allem in Buch 6, Kapitel 12–23.]

Baudin, Louis: *So lebten die Inkas vor dem Untergang ihres Reiches*, Stuttgart 1957.

Betanzos, Juan de: *Suma y narración de los incas*, Madrid 1987. [1551 geschriebenes unvollendetes Werk. Betanzos' Frau Angelina Yupanqui stammt aus der Verwandtschaftsgruppe des *Inka*-Herrschers *Yupanki*, daher hatte Betanzos, der auch die Sprache der Indianer, das *Runa Simi*, beherrschte, Zugang zu *inkaischen* Familienüberlieferungen, und er berichtet besonders ausführlich und vermutlich authentisch über den *Inka*-Herrscher *Pacha Kutiq*.]

Bingham, Alfred M.: *Explorer of Machu Picchu. Portrait of Hiram Bingham*, Greenwich 2000. [Der Verfasser ist ein Sohn des *Machu Picchu*-Entdeckers. Trotz der verwandtschaftlichen Nähe ist die Biographie ausgewogen im Urteil über Persönlichkeit und Leistung Hiram Binghams.]

Bingham, Hiram: *Preliminary Report of the Yale Peruvian Expedition*, in: Bulletin of the American Geographical Society, 44 (1912), S. 20–26.

Bingham, Hiram: *Vitcos. The Last Inca Capital*, in: Proceedings of the American Antiquarian Society, 1 (1912), S. 1–64.

Bingham, Hiram: *The Ascent of Coropuna*, in: Harper's Magazine, 124 (1912), S. 489–502.

Bingham, Hiram: *The Discovery of Machu Picchu*, in: Harper's Magazine, 126 (1913), S. 709–719. [Mit Übersichtskarte der Ruinen von *Machu Picchu*.]

Bingham, Hiram: *In the Wonderland of Peru. The Work Accomplished by the Peruvian Expedition of 1912, Under the Auspieces of Yale University and the National Geographic Society*, in: National Geographic Magazine, 24 (1913), S. 387–574.

Bingham, Hiram: *The Story of Machu Picchu. The Peruvian Expeditions of the National Geographic Society and Yale University*, in: National Geographic Magazine, 27 (1915), S. 172–217.

Bingham, Hiram: *Further Explorations in the Land of the Incas. The Peruvian Expedition of 1915 of the National Geographic Society and Yale University*, in: National Geographic Magazine, 29 (1916), S. 431–473, 477–492.

Bingham, Hiram: *Inca Land. Explorations in the Highlands of Peru*, Boston 1922.

Bingham, Hiram: *Machu Picchu, a Citadel of the Incas. Report of the Explorations and Excavations Made in 1911, 1912 and 1915 under the Auspieces of Yale University and the National Geographic Society*, New Haven 1930.

Bingham, Hiram: *Lost City of the Incas. The Story of Machu Picchu and its Builders*, London 1951.

Bischof, Norbert: *Das Rätsel Ödipus*, München ²1989.

Bischof, Norbert: *Im Kraftfeld der Mythen. Signale aus der Zeit, in der wir die Welt erschaffen haben*, München 1996.

Bouchard, Jean-François: *Contribution à l'étude de l'architecture inca. Établissements de la vallée du Río Vilcanota-Urubamba*, Paris 1983.

Burger, Richard L. u. Lucy C. Salazar (Hg.): *The 1912 Yale Peruvian Scientific Expedition Collection from Machu Picchu. Human and Animal Remains*, New Haven 2003.

Buse, Hermann: *Machu Picchu*, Lima ³1978. [Zahlreiche zeichnerische Rekonstruktionen von *Machu Picchu* aus verschiedenen Perspektiven vom Künstler Luis Ccosi Salas. Abb. 15 und 21 sind hieraus reproduziert.]

Cieza de León, Pedro de: *Obras Completas. I. La Crónica del Perú. Lasa Guerras civiles peruanas,* Madrid 1984. [Cieza de León hat als einfacher Soldat an der Eroberung Perus teilgenommen. Die Erstausgabe seiner Chronik erschien 1553 in Madrid.]

Disselhoff, Hans Dietrich: *Leben im alten Peru*, 2., durchges. u. erg. Aufl., München 1981.

Eaton, George F.: *The Collection of Osteological Material from Machu Picchu*, New Haven 1916. [Eine spanische Übersetzung von Sonia Guillén Oneglio ist 1990 in Lima erschienen.]

Engl, Lieselotte u. Theodor Engl: *Die Eroberung Perus in Augenzeugenberichten*, München 1975. [Ausführliche und ausgezeichnete Darstellung anhand umfangreicher Zitate aus den Quellen. Die Zitate in den Abschnitten II.3 und II.5 sind mit freundlicher Genehmigung des Verlages diesem Buch entnommen.]

Fejos, Paul: *Archaeological Explorations in the Cordillera Vilcabamba, Southeastern Peru,* New York 1944. [Bericht über Forschungen in den Jahren 1940–1942 in Ruinenorten der Umgebung von *Machu Picchu*.]

González Holguín, Diego: *Vocabulario de la lengua general de todo el Perú llamada lengua quichua o del inca*, Lima 1952. [Das Wörterbuch erschien erstmals 1608 und ist Grundlage der meisten neueren Wörterbücher des *Runa Simi* oder Quechua.]

Hemming, John: *Machu Picchu*, New York 1981. [Abb. 8 ist hieraus reproduziert.]

Horkheimer, Hans: *Nahrung und Nahrungsgewinnung im vorspanischen Peru*, Berlin 1960.

Hornberger, Esteban u. Nancy Hornberger: *Diccionario Quechua/Inglés/ Español*, o. O. 1978.

Julien, Catherine: *Die Inka. Geschichte, Kultur, Religion*, München ²2001.

Kauffmann Doig, Federico: *Manual de arqueología peruana*, Lima 1983.

Krickeberg, Walter: *Felsplastik und Felsbilder bei den Kulturvölkern Altamerikas*, Berlin 1949.

Lavallée, Danièle u. Luis Guillermo Lumbreras: *Die Andenvölker. Von den frühen Kulturen bis zu den Inka*, München 1986. [Abb. 14 ist hieraus reproduziert.]

Lienhard, Martin (Hg.): *Titu Kusi Yupanki: Die Erschütterung der Welt. Ein Inka-König berichtet über den Kampf gegen die Spanier*, Olten/Freiburg im Breisgau 1985.

López de Gómara, Francisco: *Historia general de las indias. «Hispania Victrix» cuya segunda parte corresponde a la conquista de Méjico*, Bd. I, Barcelona 1965. [Erstausgabe: Zaragoza 1552. López de Gómara hat selbst Amerika nie bereist und schreibt nach ihm zugänglichen Berichten der Zeit vor 1550. Zur Geschichte der *Inka* und der spanischen Eroberung Perus, S. 191–339.]

Mantorel Carreño, Alberto: *Machu Picchu. Patrimonio Cultural en Peligro*, Lima 2000.

Middendorf, Ernst W.: *Wörterbuch des Runa Simi oder der Keshua-Sprache. Unter Berücksichtigung der früheren Werke nach eigenen Studien*, in: Die einheimischen Sprachen Perus, hrsg. v. Ernst W. Middendorf, Bd. 2, Leipzig 1890.

Montesinos, Fernando: *Anales del Perú*, in: Juicio de limites entre el Perú y Bolivia. Pruebas Peruanas, hrsg. v. Víctor M. Maurtua, Bde. 13 u. 14, Madrid 1906. [Der Jesuiten-Pater Montesinos hat im 17. Jahrhundert 15 Jahre lang bei den Indianern missioniert. Das Zitat in Abschnitt III.5 ist dieser Schrift entnommen.]

Müller, Rolf: *Sonne, Mond und Sterne über dem Reich der Inka*, Berlin u. a. 1972. [Darstellung von *Machu Picchu* nach eigenen Beobachtungen und Vermessungen um 1930. Abb. 11 ist aus diesem Buch adaptiert.]

Poma de Ayala, Felipe Guaman: *Nueva Corónica y Buen Gobierno*, Paris 1936. [Abb. 4, 5 und 6, alle vom indianischen Verfasser dieser Chronik selbst gezeichnet, sind daraus reproduziert. Eine quellenkritische Edition von John V. Murra, Rolena Adorno und Jorge L. Urioste in drei Bänden ist 1987 in Madrid beim Verlag historia 16 erschienen.]

Protzen, Pierre: *Inca Architecture and Construction at Ollantaytambo*, New York/Oxford 1993.

Rodríguez de Figueroa, Diego: *Bericht über seine Verhandlungen mit dem Inka Titu Kusi Yupanqui in den Anden von Villcapampa. Mitgeteilt von Richard Pietschmann*, in: Nachrichten von der königlichen Gesellschaft der Wissenschaften zu Göttingen, 66 (1910), S. 79–122.

Rowe, John Howland: *Machu Picchu a la luz de documentos del sigo XVI*, in: Histórica, 14 (1990), S. 139–154.

Sarmiento de Gamboa, Pedro: *Geschichte des Inkareiches*, hrsg. v. Richard
   Pietschmann, Berlin 1906. [Vom Verfasser 1572 abgeschlossen. Diese
   Edition hat eine 118seitige deutsche Einleitung des Herausgebers; der
   Text Gamboas ist in der Originalsprache Spanisch veröffentlicht.]

Ubbelohde-Doering, Heinrich: *Auf den Königsstraßen der Inka. Reisen und
   Forschungen in Peru*, Berlin 1941.

Uhle, Max: *Zur Deutung der Intihuatana*, in: 16. Internationaler Amerika-
   nistenkongreß, Wien/Leipzig 1910, S. 371–388.

Valcárcel, Luis Eduardo: *Los trabajos de la expedición científica de la Uni-
   versidad de Yale*, in: Revista del Museo e Instituto Arqueológico, Lima
   1961, S. 326–365.

Valcárcel, Luis Eduardo: *Memorias*, Lima 1981. [Das Zitat in Abschnitt I.5
   ist diesem Buch entnommen.]

Waisbard, Simone: *Machu Picchu. Die heilige Stadt der Inka*, Bergisch
   Gladbach 1989. [Das Zitat in der Einleitung ist diesem Buch entnommen
   und Abb. 9, 12, 13, 18, 19, 22 sind aus ihm adaptiert.]

Wilder, Thornton: *Die Brücke von San Luis Rey*, Frankfurt am Main 1952.

Wright, Kenneth R. u. Alfredo Valencia Zegarra: *Machu Picchu. A Civil En-
   gineering Marvel*, Reston 2000.

Abbildungsverzeichnis

Register

Die Schreibung indianischer Wörter, die wie im vorangehenden Text kursiv gesetzt sind, erfolgt nach heutiger linguistischer Praxis. Für das *Runa Simi* (Quechua) waren Ernst Wilhelm Middendorfs *Wörterbuch* von 1890, Esteban und Nancy Hornbergers *Diccionario Quechua* von 1978, Antonio Cusihuamans Wörterbuch von 1976 und Max Espinoza Galarzas *Topónimos quechuas del Perú* von 1973 maßgeblich. Lebensdaten von Personen sind dem *Biographischen Archiv zur Anthropologie* entnommen.

A

I

Ichhu: Eine harte Grasart des Hochlandes, die von Llamas gefressen wird und als Dachbedeckung dient 67, 94
Indien: 59
Indigenist: 8, 102
Inka: 1.) Herrscher; 2.) Mitglieder der Patrisippe des Herrschers; 3.) das von *Qusqu* aus herrschende indianische Volk 7–8, 12–14, 17–20, 23–24, 28–43, 48, 51–61, 66, 68–69, 73–79, 81–85, 87–94, 96, 98–101
Inka Llakta: Ein Ort; wörtl. *Inka*-Ort 89
Inka Wasi: wörtl. Haus des *Inka* 52–53, Abb. 12
Innenhof: 66–67, 84
Inti: Sonne 33
Inti Kancha: heiliger Platz, wörtl. Sonnengeviert 53
Inti Pampa: großer Platz, wörtl. Platz der Sonne 60–62
Inti Pata: Ein Ruinenort; wörtl. Sonnenterrasse 82, Abb. 23
Inti Punku: Stadttor, wörtl. Sonnentor 45, 83
Inti Raymi: Ein inkaisches Fest 34
Inti Watana: 1.) Sonnenwarte; wörtl. Sonnenfessel; 2.) Ein Ruinenort 53, 57–59, 76, 79, 82, 99, Abb. 14
Inzest: 29, 32

J

Jung, Carl Gustav (1875–1961): Schweizer Psychologe 30

K (s. auch unter C, Q)

Kanal: 48, 63, 69–70, 72–73, 76
Kapitelsaal: 53–55, 57, Abb. 13
Karawanserei: 47, 85
Karpa Wasi: Haupttempel von *Machu Picchu*; wörtl. Unterrichtshaus 54, Abb. 13
Kartoffel: 66, 74, 84–85
Kasa Marka (heute: Cajamarca): Eine Stadt; wörtl. Stadt am Paß 35, 36, Abb. 1
Kenku: Ein Ruinenort im Hochland; wörtl. steinig, krumm 35, Abb. 23
Khipu: Knotenschnur 7
Kinski, Klaus (1926–1991): Polnisch-deutscher Schauspieler 40
Kitu (heute: Quito): Eine Stadt; wörtl. Taube 35, Abb. 1
Kondor: 64
Kuka: Eine Heilpflanze 81
Kuni Chaka: Ein Nebenfluß des *Uru Pampa*; wörtl. Brücke von *Kuni* 81

L

M

N

O

Rosas *Pata*: Ein Ort; wörtl. Rosen-Terrasse 14, Abb. 23
Rowe, John Howland (geb. 1918): US-amerikanischer Archäologe 15
Ruka: 6. *Inka*-Herrscher 30
Runa Simi: Sprache der *Inka*: 7–8
Runku Raqay: Ein Ruinenort; wörtl. Ansammlung von Hausruinen 82,
    Abb. 23

S

Saksai Waman: Festung/Speicherstadt oberhalb *Qusqus* 39
Salqantay (heute: Salcantay): Ein Berg; wörtl. geheimnisvoller Glanz 60,
    Abb. 23
Sankha Kancha: Gefängnis 64
Sarmiento de Gamboa, Pedro (1532–1608): Spanischer Chronist 28
Sassaniden: Herrscherdynastie im Iran 32
Sayaq Marka: Ein Ruinenort; wörtl. steiler Ort 82
Sayri Tupaq: 16. *Inka*-Herrscher (reg. 1535–1560) 40
Schilluk: Königreich am Weißen Nil (Afrika) 32
Schipibo: Stamm von Tiefland-Indianern 89
Schleuderstein: 89
Seilbahn: 94, 99
Signalstation: 78
Sinchi Ruka: 2. *Inka*-Herrscher 29
Skelett: 91–92
Sonne: 33, 50, 51, 53, 59, 78–79
Sonnenjungfrauen: 66, 68, 91–92
Sonnentempel: 32, 33, 51
Sonnentor (= *Inti Punku*): 45, 83
Sonnenwarte: 14, 57–60, Abb. 7, 14
Squier, Ephraim George (1821–1888): Nordamerikanischer Reiseschrift-
    steller 38
Stadtmauer: 43, 45–46, 53, 64, 70, 84, 89
Stadttor (= Sonnentor, *Inti Punku*): 43–47, 53, 83, Abb. 7, 8
Steinbruch: 46–47, Abb. 7

T

Tampu: Herberge, Wirtshaus, Raststätte, Lagerhaus 87
Tampu T'oqo: Ein Ort im Hochland; wörtl. Rasthaus des Erscheinens 28,
    87–88
Tempel: 55–56, 78, 88
Tempel der drei Fenster: 53, 55–56, 88
Tempel des Hohen Priesters: 56–57
Terrasse: 43, 46, 52–53, 57, 62, 64, 67–68, 70, 74–79, 81–84, 93–94, 96,
    Abb. 7, 21

W

Y

Z

Aus dem Verlagsprogramm

Geschichte in der Reihe C. H. Beck Wissen

Berthold Riese
Die Maya
Geschichte – Kultur – Religion
5. Auflage. 2004.
144 Seiten mit 11 Abbildungen, 2 Tabellen und 5 Karten. Paperback
(Beck'sche Reihe Band 2026)

Eva Cancik-Kirschbaum
Die Assyrer
Geschichte, Gesellschaft, Kultur
2003. 128 Seiten mit 6 Abbildungen und 2 Karten. Paperback
(Beck'sche Reihe Band 2328)

Hanns J. Prem
Die Azteken
Geschichte – Kultur – Religion
3., durchgesehene Auflage. 2003.
144 Seiten mit 4 Karten und 2 Tabellen. Paperback
(Beck'sche Reihe Band 2035)

Hermann A. Schlögl
Das Alte Ägypten
2003. 144 Seiten mit 2 Karten. Paperback
(Beck'sche Reihe Band 2305)

Angela Pabst
Die athenische Demokratie
2003. 124 Seiten mit 6 Abbildungen. Paperback
(Beck'sche Reihe Band 2308)

Michael Witzel
Das Alte Indien
2003. 128 Seiten mit 5 Abbildungen. Paperback
(Beck'sche Reihe Band 2304)

Außereuropäische Geschichte und Kulturen

Jürgen Osterhammel
Die Entzauberung Asiens
Europa und die asiatischen Reiche im 18. Jahrhundert
1998. 560 Seiten. Leinen
(C. H. Beck Kulturwissenschaft)

Navid Kermani
Iran
Die Revolution der Kinder
2001. 262 Seiten mit 12 Abbildungen. Gebunden

Florian Coulmas
Die Kultur Japans
Tradition und Moderne
2003. 333 Seiten mit 31 Abbildungen und 7 Tabellen. Leinen

Udo Steinbach/Marie-Carin von Gumppenberg (Hrsg.)
Zentralasien
Geschichte – Politik – Wirtschaft
Ein Lexikon
2004. Etwa 320 Seiten. Paperback
(Beck'sche Reihe Band 1606)

Helwig Schmidt-Glintzer
China
Vielvölkerstaat und Einheitsreich. Von den Anfängen bis heute
1997. 312 Seiten mit 15 Karten. Leinen
(Beck's Historische Bibliothek)

Amira Hass
Gaza
Tage und Nächte in einem besetzten Land
Aus dem Englischen von Sigrid Langhaeuser
3. Auflage. 2003. 410 Seiten mit 3 Tabellen und 3 Karten. Gebunden

C.H.BECK ■ WISSEN

in der Beck'schen Reihe

Zuletzt erschienen: